ナツメ社　監修 陰山英男　小川眞士　物語 山下美樹　桐谷直　萩原弓佳

もくじ

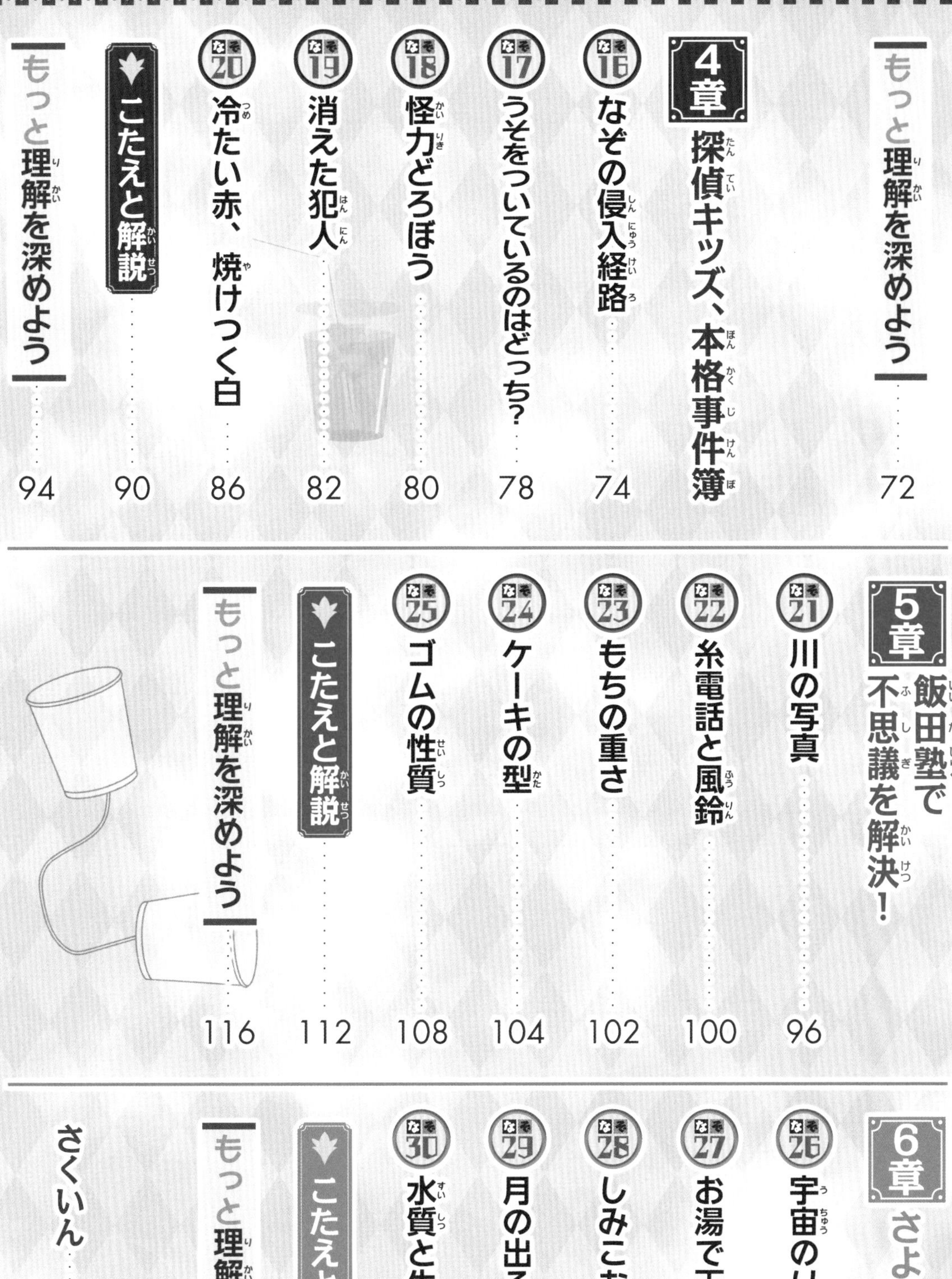

この本の使い方

なぞ解きストーリードリル

線をヒントに！

文章には、問題に関係のあるところに線が引いてあるよ。線をヒントにして、こたえを読み取ろう。


物語を読もう！

主人公たちがなぞ解きに挑戦する物語を読んで、楽しみながら問題を解いていこう。見開きページの物語を読んだら、下の段の問題にチャレンジ！


言葉を学ぼう！

文章中の、覚えておきたい言葉は、太字で示しているよ。文章の中でどんなふうに使われているか注目しよう。また、下の段で「言葉の問題」として出題されている言葉には、黄色いマーカーが引いてあるよ。前後の文章の流れから、その言葉がどんな意味で使われているかを考えながら読むようにしよう。

言葉の問題を解こう！
左側のページでは、言葉の問題に取り組んでみよう。問題を解くことで、言葉の意味や使い方を勉強することができるよ。

読解問題を解こう！

右側のページでは、読解問題が出されているよ。文章をよく読んで、問題にこたえてね。

解き終わったら

こたえと解説

こたえと解説を読もう！

問題のこたえと、こたえを導き出す方法や考え方の説明が書かれているよ。まちがえてしまった問題は特にしっかり読んで、こたえの見つけ方を身につけよう。

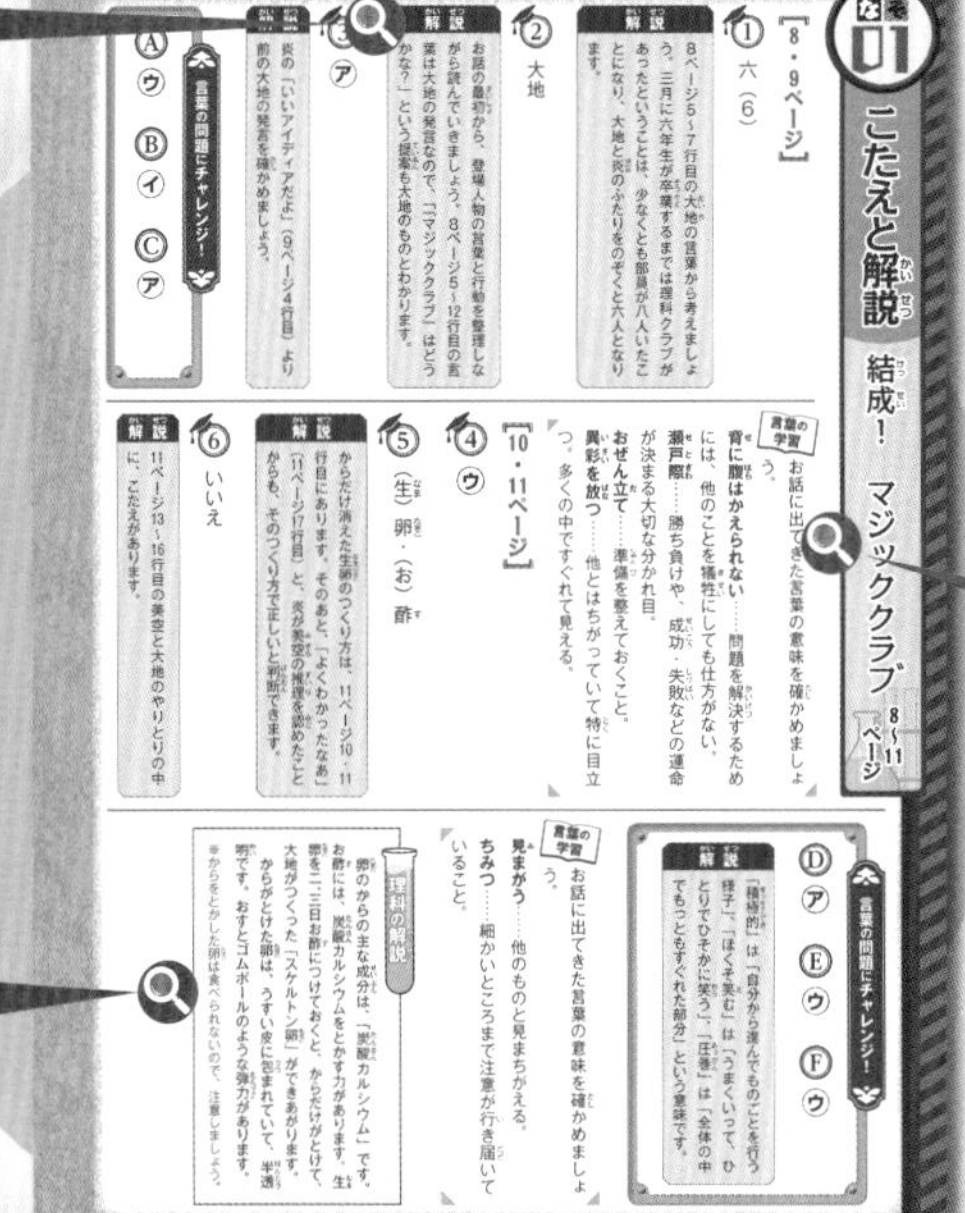

言葉の意味を確かめよう！
『言葉の学習』では、物語に出てきた言葉の意味を説明しているよ。問題には出されていないけれど、覚えておきたい言葉なので、じっくり読んで、言葉と意味をセットで覚えよう。

理科の解説を読もう！

物語に出てきた理科の知識についての説明が書かれているよ。よく読んで、理科の知識を身につけよう。

もっと理解を深めよう

14 水溶液 18〜19ページ

水に物質がとけたものを**水溶液**といいます。水溶液は、食塩などの固体がとけたもの、アルコールなどの液体がとけたもの、二酸化炭素などの気体がとけたもの、というように、とけているものの状態によって、分けることができます。また、**リトマス紙**に水溶液をつけることで、水溶液を**酸性**、**アルカリ性**、**中性**に分けることができます。リトマス紙には、青色と赤色の二色があります。

水溶液が酸性のときは、リトマス紙に水溶液をつけると、青色リトマス紙が赤色になり、赤色リトマス紙は変化しません。アルカリ性のときは、赤色リトマス紙が青色になり、青色リトマス紙は変化しません。中性のときは、青色リトマス紙も赤色リトマス紙も変化しません。

酸性の水溶液には、二酸化炭素がとけた炭酸水や、塩化水素がとけた塩酸、ホウ酸がとけたホウ酸水などがあります。

アルカリ性の水溶液には、水酸化ナトリウムがとけた水酸化ナトリウム水溶液や、アンモニアがとけたアンモニア水などがあります。

中性の水溶液には、食塩がとけた食塩水や、砂糖がとけた砂糖水などがあります。

15 光の屈折 20〜23ページ

光は、ちがう物質との境目で、折れまがる性質があります。たとえば、空気の中をななめに通ってきた光は、水面から水に入ると、下向きに折れまがります。このように、光が折れまがる性質を、**光の屈折**といいます。

ここで、実験をしてみましょう。ボウルの底に十円玉を置いて、水を入れてみます。すると、十円玉がある場所が、水を入れる前よりも、浅くなったように見えます。十円玉から出た光が、水面で屈折して目に入るので、水を入れる前よりも、十円玉が浅いところにあるように見えるのです。

同じ理由で、川や池、海の底は、空気中から見ると、実際よりも浅く見えます。川や海で遊ぶときには、十分に注意しましょう。

雨上がりの空に七色の虹が見えるのも、光の色によって屈折の仕方が少しずつちがうからです。空気中にある水滴に入った太陽の光が色によって分かれるので、七色の虹ができます。

光
折れまがる
空気中
水中

おさらい！理科クイズ

酸性の水溶液には、どのような性質があるでしょう？

1 リトマス紙の色を変えない。
2 赤色リトマス紙を青色にする。
3 青色リトマス紙を赤色にする。

こたえは50ページ

141ページのこたえ 2
同じ時刻に見える月は、毎日、東に約12度ずつずれます。

28

理科について もっとよく知ろう！

物語に出てきた理科の知識で、もっと理解を深めておきたい内容を取り上げて、説明しているよ。重要な言葉は太字で示しているので、しっかり覚えよう。絵も説明のヒントになっているよ。

クイズに チャレンジ！

説明を読んだら、理科クイズにチャレンジしよう。説明されていた内容のおさらいクイズだよ。わからないときや、こたえをまちがえてしまったときは、説明をもう一度しっかり読んで、正しく理解しよう。

読み終わったら

別冊言葉ドリル

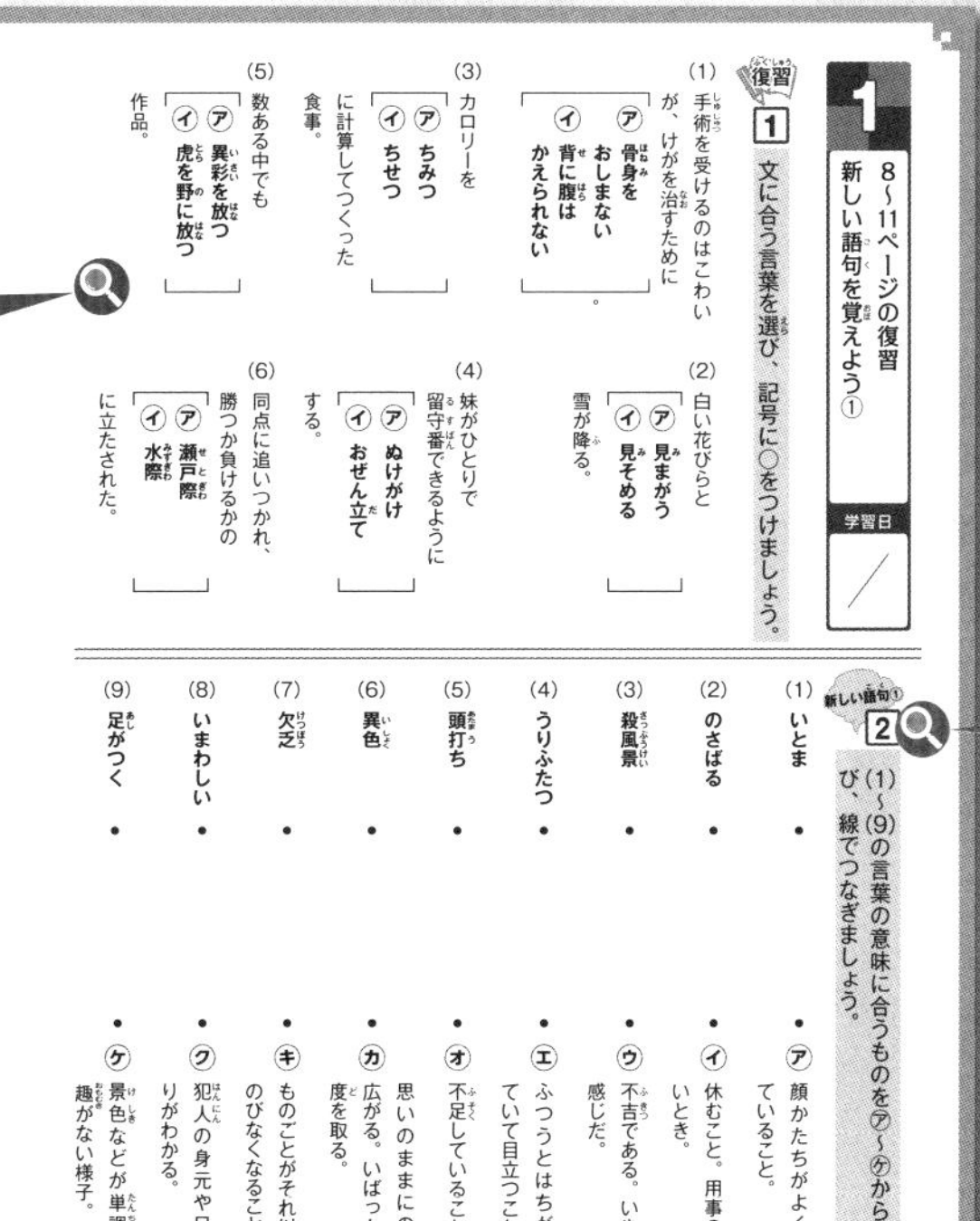

1 8〜11ページの復習 新しい語句を覚えよう① 学習日

復習 **1** 文に合う言葉を選び、記号に○をつけましょう。

(1) 手術を受けるのはこわいが、けがを治すために［㋐ 骨身を おしまない ㋑ 背に腹は かえられない］。
(2) 白い花びらと［㋐ 見まがう ㋑ 見そめる］雪が降る。
(3) カロリーを［㋐ ちみつ ㋑ ちせつ］に計算してつくった食事。
(4) 妹がひとりで留守番できるように［㋐ ぬけがけ ㋑ おぜん立て］する。
(5) 数ある中でも［㋐ 異彩を放つ ㋑ 虎を野に放つ］作品。
(6) 同点に追いつかれ、勝つか負けるかの［㋐ 瀬戸際 ㋑ 水際］に立たされた。

新しい語句① **2** (1)〜(9)の言葉の意味に合うものを㋐〜㋘から選び、線でつなぎましょう。

(1) いとま
(2) のさばる
(3) 殺風景
(4) うりふたつ
(5) 頭打ち
(6) 異色
(7) 欠乏
(8) いまわしい
(9) 足がつく

㋐ 顔かたちがよく似ていること。
㋑ 休むこと。用事のないとき。
㋒ 不吉である。いやな感じだ。
㋓ ふつうとはちがっていて目立つこと。
㋔ 不足していること。
㋕ 思いのままにのび広がる。いばった態度を取る。
㋖ ものごとがそれ以上のびなくなること。
㋗ 犯人の身元や足取りがわかる。
㋘ 景色などが単調で趣がない様子。

30 31ページのこたえ
1 (1)㋐ (2)㋑ (3)㋑ (4)㋑ (5)㋐ (6)㋐ (7)㋐ (8)㋑
2 (1)㋖ (2)㋓ (3)㋑ (4)㋔ (5)㋒ (6)㋐ (7)㋗ (8)㋕ (9)㋘

2

言葉の復習をしよう！

『なぞ解きストーリードリル』で学習した言葉の復習問題が出されているよ。復習問題を解いて、言葉の意味や使い方をおさらいしよう。

新しい言葉を 学ぼう！

言葉ドリルでは、『なぞ解きストーリードリル』に出てきていない、新しい言葉も勉強することができるよ。下の段の問題を解いて、さらに言葉を覚えよう！

はじめに

　近年、子どもたちの読解力不足が問題となっていますが、それは語彙の不足が原因のひとつです。ですから基本的な熟語や特別な言葉をきちんと理解するだけで、みなさんの読解力は格段に上がっていくのです。

　そして、読解力不足の最大の原因は、文章を機械的に、あるいは技術的に読もうとするあまり、文章そのものに興味を持たないまま答えを出そうとしているからではないでしょうか。参考書などは内容がよくてもおもしろみに欠けることがあり、おもしろいという感覚を得ないまま読み進むと、細かい読み取りになったとき読解の不足が生まれてしまうのかもしれません。

　このドリルは文章に「なぞ解き」というしかけがあり、おもしろい、とか楽しい、という感覚を持ちながら読むことができます。これこそが読解のための集中力を生むのです。また、今回も「別冊言葉ドリル」を用意し、確実な学力とすることにも配慮しました。ぜひこのドリルを活用し、読解力を根本から高めていってください。

陰山ラボ代表　陰山　英男

　りんごが木から落ちることを「なぜ?」と考えたその「なぜ?」が、地球から2億8000万キロメートルはなれた小惑星リュウグウへの「はやぶさ2」の旅を実現させました。

「なぜ?」と何かに疑問を持ち、考え、新しいことを生み出すヒトの脳の能力は、AIがどんなに発達してもかなわない能力です。

　この本は楽しいストーリーを読むことで、小学校で学習する内容をもとに理科の「なぜ?」について考えます。「なぜ?」の解説から、みなさん一人ひとりの新しい「なぜ?」が生まれてきます。それは理科が好きになるきっかけになり、自由研究の種ともなることでしょう。

　楽しいストーリーを読み、主人公といっしょになぞ解きをすることで、自然と語彙力や読解力も身につきます。さあみなさん、楽しいストーリーという乗り物に乗って、新しい理科の旅、理科がもっと好きになる旅をはじめましょう。

小川理科研究所主宰　小川　眞士

1章 マジッククラブへようこそ

登場人物紹介

広井 大地

かしこく冷静な、マジッククラブのリーダー。小学5年生。元「理科クラブ」のメンバー。理科が大好きで、理科の知識を活用し、さまざまななぞを解いていく。

高井 美空

元気いっぱいで、まっすぐな性格の女の子。小学5年生。大地に負けないくらい理科にくわしく、マジックやなぞ解きをして、みんなをあっとおどろかせる。

熱木 炎

明るく活発な性格の、小学5年生。大地と同じく元「理科クラブ」のメンバー。虫や植物にくわしく、みんなから一目置かれている。

湧野 泉

おしとやかで優しい性格の女の子。小学5年生。手芸や料理が得意で、小物やお菓子を手づくりすることも。暴走しがちな親友の美空をたびたびたしなめる。

なぞ 01

結成！マジッククラブ

「おーい炎、大変だ！　理科クラブがなくなるって！」

　一学期の始業式が終わったあと、広井大地は理科クラブのたったひとりの仲間、熱木炎を見つけると大あわてでかけ寄りました。

Ⓐ**寝耳に水**の話に、炎は「なんだって！」とあおどろきの声を上げました。

「クラブ存続には、部員が最低八人必要なんだ。三月に六年生が卒業して、部員はぼくたちふたりだろ。三月の時点で入部希望者もゼロだから仕方ないんだって。でも、ぼくらがⒷ**音頭を取って**、部員をあと六人集めれば新しいクラブをつくれるんだ。『理科クラブ』じゃなくなるけれど、**背に腹はかえられない**。『理科』って名前に人気がないなら『マジッククラブ』はどうかな？」

　大地が、にっと笑いました。

「えっ、マジックって、理科とどう関係があるの？」

　炎はピンとこないようです。

「関係大ありだよ。マジックには

学習日

／

1 ―あ理科クラブには、三月で卒業した六年生が少なくとも何人いましたか。

□人

2 「マジッククラブ」というクラブ名を考えたのは、大地と炎のどちらですか。合うほうに○をつけましょう。

大地・炎

3 ―い炎が言った「いいアイディアだよ」の「アイディア」は、どんなことを指していますか。合うものを選んで記号に○をつけましょう。

ア 「理科クラブ」の名を「マジッククラブ」に変えて、理科の楽しさを広めること。

イ マジックにはたいてい科学が使われていること。

ウ クラブ紹介で科学マジックをして、みんなをおどろかすこと。

たいてい科学が使われているんだ。マジックを使って、理科の楽しさを広めようよ！　つまりさ、中身は理科クラブってことだよ！」

「……そういうことか！　たしかに、理科に苦手意識がある人でも、『マジック』なら楽しそうって思ってくれそうだね。㋑いいアイディアだよ。」

炎はちょっと考えてから、きっぱりそう言いました。

「じゃ、決まりだ。理科系のクラブがなくなるかどうかの**瀬戸際**だもんな。よし、今度のクラブ紹介で科学マジックをやって、みんなをおどろかそう。卵を使ってやってみたい実験があるんだ。用意に時間がかかるけれど。」

大地は、クラブ紹介の日までに**おぜん立て**しておくとうけあいました。

クラブ紹介の日になりました。みんな、体育館に集まります。

「ほら、これが今回のマジックの種だよ。三日かけてつくったんだ。」

大地は、マジックで使うものが入った大きなビンをこっそり見せました。

「わお、ちょっと開けていい？　こっちもグラスと生卵を用意したよ。」

炎がビンを開けると、鼻をつくすっぱいにおいがしました。

「何それ？　学校にそんな変なもの持ってきていいわけ？」

近くにいた高井美空と湧野泉が、顔をしかめてⒸ**追及**します。

「関係ないだろ。先生にはちゃんと許可をもらっているよ。」

大地は、あわててふたを閉め、さっとビンを背中にかくしました。

「――次は、マジッククラブの紹介です。」

司会者が言うと、大地と炎が**異彩を放つ**かっこうで舞台に登場しました。

言葉の問題にチャレンジ！

次の言葉の意味に合うものを選び、記号に○をつけましょう。

Ⓐ 寝耳に水

㋐ いやな夢で目が覚めることのたとえ。

㋑ いやなことが起こることのたとえ。

㋒ とつぜん起こったできごとに、びっくりすることのたとえ。

Ⓑ 音頭を取る

㋐ 音楽を鳴らして人を呼びこむ。

㋑ 人の先に立って、ものごとを行う。

㋒ いっせいに歌を歌う。

Ⓒ 追及

㋐ 責任や欠点を追いつめて問いただすこと。

㋑ わからないことを調べてはっきりさせること。

㋒ ひどい目にあわせて、相手に思い知らせること。

← こたえは24ページ

ふたりとも黒い紙のシルクハットに、黒い布のマントを羽織っています。演台にグラスを置くと、大地がしゃべりはじめました。

「ぼくたちは、新しく『マジッククラブ』をつくりました。これから科学マジックをやります！　興味を持った人は、ぜひ入ってください。」

　大地はパーカーの左右のポケットに両手を入れ、右手で卵を出しました。

「これは、生卵です。ぼくが、この卵のからだけをマジックで消します！」

　大地の「ちちんぷいぷい……」という言葉に合わせて、炎は自分のマントをぬいで、卵の前にはらりとかざしました。大地と目を見合わせ、「せーの」のかけ声でぱっとマントを取ると……。

　大地の左手に、水風船と**見まがう**白っぽい物体がありました。まばらな拍手が起きましたが、「卵に見えない。」「おもちゃじゃない？」という声が拍手をかき消しました。

「ぼくは、からだけ消したんです。白っぽいのは卵のうす皮です。では、だれか舞台に上がってさわってみてください！」

　大地が言うと、あちこちからⒹ**積極的**に手が挙がります。炎がひとりを選び、舞台に上げました。

「うわぁ、ぷにょぷにょだ！　これ、本当に生卵？」

4 大地と炎が、みんなの前でマジックをしたとき、炎の役目はなんでしたか。合うものを選んで○をつけましょう。

ア 卵を手に持って、みんなに見せる役目。

イ 「ちちんぷいぷい」と呪文を唱える役目。

ウ 卵の前にマントをかざしたり、取ったりする役目。

5 大地と炎がマジックで見せた、からだけ消えた生卵はどうやってつくりましたか。□に当てはまる言葉を文章中から探して書きましょう。

[　　　]を[　　　]につけてつくった。

6 大地と炎がマジックで見せた、からだけ消えた生卵は、舞台上でからをとかしたものですか。はい、いいえのどちらか、合うものを選んで○をつけましょう。

はい・いいえ

大地からなぞの物体をわたされた男の子は、半信半疑です。

「よし、卵だと証明しよう。君は、このグラスを持ってね。いくよっ！」

大地がⒺ**ほくそ笑んで**なぞの物体をようじでつつくと、男の子が持つグラスにうす皮が破れた生卵が落ち、次の瞬間わっと拍手が起きました。

「すっぱいにおいがしてたあれ、生卵だったのね。Ⓕ**圧巻**だった！　でも、どうやって一瞬でからを消したんだろうね。」

泉が感心すると、美空が何かに気づき「あっ！」と声を上げました。


大地と炎が舞台から下りると、美空がふたりに手まねきをしました。

「今の、生卵をお酢につけた『スケルトン卵』でしょ？　お酢の酸で、からのカルシウムをとかしたんだよね。わたし、本で読んだことあるの。」

大地と炎はびっくりした顔をしましたが、大地がすぐさま言いました。

「まぁ、そうかもな。でも、卵のからは一瞬じゃとけないよ？」

「生卵と事前につくっておいたスケルトン卵を、すりかえたんでしょ。手をポケットに入れていたもん。右ポケットに生卵が入っているよね？」

美空の言葉に、大地は肩をすくめて右ポケットから卵を出しました。

「よくわかったなあ。種がばれないように、**ちみつ**に計画を練ったのに。高井さん、湧野さん、マジッククラブに入ってよ。」

炎が感心してさそうと、美空はちょっとうれしそうに笑いました。

「うふふ、おさそいありがとう。泉と考えておくね！」

大地と炎は顔を見合わせ、「部員ふたりゲット!?」と、にやっとしました。

言葉の問題にチャレンジ！

次の言葉を正しい意味で使っている文を選び、記号に○をつけましょう。

Ⓓ 積極的
- ア 彼は何に対しても積極的だ。
- イ 自分の積極的で引っ込み思案なところを直したい。
- ウ その時計は積極的で、時間が正確だ。

Ⓔ ほくそ笑む
- ア お笑いのテレビを見て、大声でほくそ笑んだ。
- イ みんなにお祝いされ、彼女はにこやかにほくそ笑み返した。
- ウ 計画通りにことが運び、彼女はひとりほくそ笑んだ。

Ⓕ 圧巻
- ア ゾウにふまれたら圧巻の終わりだ。
- イ 見る人を圧巻する迫力のある映像。
- ウ あのまんがの最終回は圧巻だった。

こたえは24ページ

なぞ 02

じゃんけんマジック

学習日　／

今日は、マジッククラブの活動初日です。新四年生の三人が加わり五人になりました。男子の翔、拓海と女子のさくらです。でも、クラブとして必要な八人になるまで、一学期の間にあと三人集めなくてはなりません。

そこへ、「おくれてごめんね！」と、美空と泉が入ってきました。泉のバッグからぶら下がった何かが太陽の光を反射して、きらりと光りました。

大地が「なんだろう。」と近づいたとき、美空が四年生に話しかけました。

「わたし、高井美空。こっちは湧野泉。五年生です。わたしたち、料理クラブからマジッククラブに移ることにしたの。よろしくね！」

Ⓐ**竹を割ったような**性格の美空がてきぱきとふたりぶんの自己紹介をします。美空とはⒷ**対照的**に、泉はやわらかくほほえんでおじぎをしました。

（え、元料理クラブかぁ……。）

大地が、**足手まとい**になりそうだと、内心思ったとたん……。

「広井くん！　今、元料理クラブなんてⒸ**心もとない**とか思ったでしょ！料理は科学なんだよ。理科の知識なら広井くんたちに負けないから！」

美空が大地にきっぱりと言い切りました。大地も負けずに言い返します。

「へぇ、そんなに理科が得意なら、科学マジックもできるんだ？」

① クラブとして必要な人数を集めるために、美空と泉が加わったあと、マジッククラブにはあと何人必要ですか。□に数を書きましょう。

□人

② 美空と泉が入ってきたときに、きらりと光ったものはなんですか。合うものを選んで記号に○をつけましょう。

ア 太陽の光

イ 泉のバッグ

ウ 泉のバッグにぶら下がった何か

③ 美空がその場で科学マジックを見せられなかったのはなぜですか。□に当てはまる言葉を書きましょう。

美空の科学マジックには□が必要だから。

「もちろん！　でも、わたしのマジックは準備する時間がいるの。そのかわり、今日は泉が**即興**マジックをやるから！」

美空が泉を前におし出したので、泉はびっくりしました。炎と四年生たちは、はらはらしながらやりとりを見守ります。

「えっ！　わたしがマジックをやるの？」

「そう！　いい考えがあるんだ！」

美空は、泉のバッグをぱっとつかんで、理科室のすみに泉を連れていき、ひそひそと相談をはじめました。

泉は、大きくうなずくと、みんなに向かって言いました。

「ええと、ではみなさん。美空ちゃんのマジックはまた今度見せるので、今日はわたしが『じゃんけんマジック』をやります！」

「じゃんけんマジックって、なあに？」

翔が質問すると、泉がにっこりして優しく説明をはじめました。

「手元をかくした出題者が、グー、チョキ、パーのどの手を出したのかをわたしが当てるの。だれが挑戦してもいいけれど、ひとりずつね。」

「へぇ、おもしろそう！」

ぴんと張りつめていた空気が、ふっとなごみました。

「はい、泉はここの位置に立ちます。それで、みんなは、泉と向かい合わせになるようにこっち側に座ってね！　それで、手元はこれでかくしてて。」

言葉の意味の問題にチャレンジ！

次の言葉の意味に合うものを選び、記号に○をつけましょう。

Ⓐ 竹を割ったような

ア　性質がまっすぐでさっぱりしていることのたとえ。

イ　なんでもずけずけえんりょなく言うことのたとえ。

ウ　体力が余っていることのたとえ。

Ⓑ 対照的

ア　落ち着いて堂々としている様子。

イ　大きな差をつけて勝つ様子。

ウ　ふたつのもののちがいがはっきりしていて目立つ様子。

Ⓒ 心もとない

ア　たよりなくて不安だ。

イ　残念で心配だ。

ウ　質が悪く、程度が低い。

← こたえは25ページ

美空がみんなの座る位置を指定し、手元をかくすノートを広げました。美空自身は、他の部員の後ろの、日の当たる窓際に立ちました。

「あれ、高井さんは湧野さん側に行かないの？」

「だって、泉が当てたのに、『ちがうよ。』ってうそをつかれたら困るもん。だから、わたしはこっちで出題者の手の形を確かめる必要があるの。」

首をかしげる炎に、美空はⒹ**何食わぬ顔**でこたえました。

「でも、こっちから高井さんが湧野さんに変なⒺ**挙動**で合図したら困るな。」

炎がにやっと笑うと、

「出題者の手の形を確認したら、わたしは目を閉じて手は後ろに組むね。」

と、美空は自信たっぷりです。それを見た大地は鼻息あらく座りました。

「ぼくからいくよ。いい？」

「うん。広井くん、グー、チョキ、パーのどれかをわたしに見えないように出して。みんなは、手の形を見ていいよ。」

泉が言いました。

「よし、これなーんだ？」

大地は、ノートのかげで右手をグーにしました。泉以外のみんなは、大地の手を確認すると泉を見ました。泉は、みんなの

4 「じゃんけんマジック」をするとき、自分が部員の後ろに立つ理由を、美空はなんと説明しましたか。□に当てはまる言葉を文章中から探して書きましょう。

泉が出題者の手の形をちゃんと［　　］のに、出題者が［　　］をついたら困るから。

5 「じゃんけんマジック」をするとき、出題者は泉に手の形が見えないように、何でかくしていましたか。文章中から探して書きましょう。

［　　］

6 泉が最初に教室に入ってきたときに、日光を反射して光ったものとはなんでしたか。文章中から探して書きましょう。

小さな［　　］

顔を順番にゆっくり見ていき、最後に壁を見ながら大きくうなずきました。

「それでは、当てます。広井くんの手の形はグーです。」

「わぁ、すごい。当たってる！　次はわたしの手の形を当ててみて！」

さくらが、チョキをつくって「わかる？」と聞くと、泉は「チョキ。」と当てました。何回やっても、泉はずばずば当てていきます。

「すごーい。ひょっとして、みんなの心を読めちゃうとか？」

「ふふ、泉が読めるのはわたしの心だよ。わたしと泉は**以心伝心**なの。」

さくらが感心すると、美空が得意げにこたえました。

「高井さんは、目をつぶって手を後ろに組んでいたから合図できないし。」

炎も不思議そうです。大地はⒻ**いぶかしげ**な表情で考えこんでいます。

泉がバッグを持って、みんなのところにもどってきたとき、大地が
「あっ、さっきとちがう！」と興奮した声を出しました。

「湧野さんが最初に教室に入ってきたとき、そのバッグについていた何かが日光を反射して光ったんだ。でも、今はそれがバッグについていない。ねぇ、高井さん、後ろにかくしている手の中のものを見せて！」

美空がしぶしぶ手を開くと、小さな鏡のストラップがのっていました。

「高井さんが光を鏡で壁に反射させて、**間接的**に合図を出したんだよね？」

「あーあ、当てられちゃった。グーは一回、チョキは二回、パーは三回、光を鏡で壁に反射させて合図をしたの。広井くんも、なかなかやるね！」

美空がぴかぴかっと壁に光を反射させて、ぺろりと舌を出しました。

言葉の問題にチャレンジ！

次の言葉を正しい意味で使っている文を選び、記号に○をつけましょう。

Ⓓ 何食わぬ顔
ア　犯人は何食わぬ顔で火事の現場にいた。
イ　昼から何食わぬ顔だったので空腹だ。
ウ　彼は何食わぬ顔をかがやかせた。

Ⓔ 挙動
ア　彼とは挙動をあけたい。
イ　彼女は授業中「はい」と挙動した。
ウ　挙動のあやしい男がいた。

Ⓕ いぶかしい
ア　彼のもうけ話にはいぶかしい点がある。
イ　夜道はいぶかしい。
ウ　たき火のけむりがいぶかしい。

← こたえは25ページ

なぞ 03

お兄ちゃんは魔法使い？

泉が新品のトートバッグを持って理科室に入ってきました。

「わぁ、かわいい！　もしかして手づくり？」

さくらが興奮して言うと、泉はⒶ**奥ゆかしく**「一応ね。」とこたえました。

「湧野さんは器用だね。ポケットは面※ファスナーつきか。これ、ひっつき虫って呼ばれる植物の実をヒントに発明されたんだよ。」

炎の説明にみんなが感心したとき、翔がかけこんできました。

「ねえ、みんな！　なぞ解きを手伝って！」

翔は毎日、公園の外周をランニングすること、そこはペットの犬のマルの散歩コースで、散歩中のお兄ちゃんとマルをよく追いこすこと、おじいちゃん犬のマルは約一時間かけて散歩コースを歩くこと、それなのに最近はなぜか追いこした翔より追いこされたお兄ちゃんたちが先に家に着くことをくやしそうに説明しました。

翔が「なんでぼくより先に帰れるの？」と聞くと、お兄ちゃんは「魔法さ。」とにやりと笑い、**肩で風を切って**行ってしまうので、翔はなぞを解きたくなったのだそうです。

「お兄さんが、マルをだっこして走っているってことはない？」

美空が意見を言うと、翔は大きく首を横にふりました。

学習日　／

① ひっつき虫をヒントに発明されたものとはなんですか。合うものを選んで記号に○をつけましょう。

ア　トートバッグ

イ　ポケット

ウ　面ファスナー

② 翔によると、犬の「マル」の散歩コースはどこですか。文章中から探して五文字で書きましょう。

□□□□□

③ 最近、翔より、お兄さんとマルのほうが早く家に着いていたのはなぜでしたか。□に当てはまる言葉を文章中から探して書きましょう。

公園の□コースではなく、やぶを通って□していたから。

「ゴールデンレトリバーだから重いんだ。だっこしたら走れないよ。」

「マルに変わった様子はなかった？」

大地が聞くと、翔がこたえます。

「それが、昨日はマルの鼻にこれがくっついていたんだ。ほら、見て！」

翔が取り出したのは、米つぶ大のとげとげした緑の実です。

それを見たとたん、炎が「わかった！」と手をたたきました。

「それ、ひっつき虫だよ！Ⓑ**うろ覚え**だけど、『ヤエムグラ』だと思う。駅へ近道するのに、雑草が**はびこって**いる場所を通る人がいて、けもの道になっているんだ。お兄さんはきっとそこを通ったんだよ。」

「そうかも！散歩コースじゃないけれど、家までの近道になるから。」

「お兄さんに『やぶを通って近道するなら、マルの毛をとかしてやらないと、ひっつき虫がついてかわいそうだよ』と言ってごらん。」

炎がアドバイスをすると、翔はうれしそうにうなずきました。

次のクラブの日。翔がにこにこ顔で理科室へ飛びこんできました。

「お兄ちゃんから『よくわかったなぁ。ひっつき虫か、Ⓒ**うかつ**だった！』って言われたよ。炎くん、みんな、ありがとう。」

※面ファスナー……二枚の布をはり合わせる形式の留め具。何度でも留めたりはがしたりできる。

言葉の問題にチャレンジ！

次の言葉の意味に合うものを選び、記号に○をつけましょう。

Ⓐ **奥ゆかしい**
- ア 上品でつつしみ深い様子。
- イ なぞめいている様子。
- ウ 得意そうな様子。うれしそうな様子。

Ⓑ **うろ覚え**
- ア 人の考えを自分の考えのように言うこと。受け売り。
- イ はっきりと覚えていること。
- ウ ぼんやりと覚えていること。

Ⓒ **うかつ**
- ア 知らないこと。見ていないこと。
- イ うっかりすること。注意が行き届いていないこと。
- ウ 忘れてしまったこと。覚えていなかったこと。

こたえは26ページ

なぞ04 不思議なハーブティー

日曜日。大地たち四人とさくらは、<u>さくらの同級生のすみれの家に向かっていました。すみれから、マジッククラブへの挑戦状が届いたのです。</u>道すがら、泉が「手土産に紫いものパンケーキを焼いたら、紫色の生地が緑色になった」という話をすると、炎がおどろきました。

「えっ、緑？　なんでそうなったの？」

「パンケーキミックスの重曹がアルカリ性で、紫いもの色素が反応しちゃったの。酸性のヨーグルトを少し入れれば変色しなかったのに。」

泉ははずかしそうにこたえました。安全性にⒶ**懸念**はないけれど、**見栄え**が悪いからクッキーを買ったのだと言って、きれいな紙ぶくろを持ち上げてみせました。

家に着くと、すみれがすぐリビングに案内してくれて、それからたくさんのグラスと透明なポットに入った青紫色の飲み物を運んできました。

「今日は、わざわざ来てくれてありがとう。ところで、みんなはピンクと青紫、どっちの色のハーブティーが好き？」

さくらと泉は「ピンク」、他のメンバーは「青紫」とこたえました。すみれが、氷の入ったグラスをみんなの前にひとつずつ置き、透明なポッ

学習日　／

① ——あ大地たちがすみれの家に向かっていたのはなぜですか。□に当てはまる言葉を文章中から探して書きましょう。

すみれから、マジッククラブへの［　　　］が届いたから。

② 泉が持っているきれいな紙ぶくろの中身はなんですか。合うものを選んで記号に○をつけましょう。

ア 紫色のパンケーキ
イ 緑色のパンケーキ
ウ クッキー

③ 美空が飲んだマロウブルーのハーブティーは、何色でしたか。

［　　　］色

トから青紫色のハーブティーを順に注ぐと……。不思議なことに、さくらと泉のハーブティーだけ一瞬で青紫色から**淡い**ピンク色になりました。

「これがわたしのハーブティーマジックなの。トリック、わかる?」

すみれが、にっこりしました。さくらが、おそるおそる、

「これ、飲んでも平気なの?」

と聞くと、すみれは「もちろん!」とこたえました。どきどきしながらもⒷ**腹をくくって**ひと口飲むと、さくらが安心したように言いました。

「あまくておいしい。少しレモンっぽい味もするんだね。」

「え? わたしのはレモンの味しないよ。」

美空が首をかしげました。とたんに、泉が「はい。」と手を挙げました。

「このハーブティーは、『マロウブルー』ね。酸性のレモン汁を入れるとピンク色に変わるの。でも、中性のガムシロップなら色は変わらない。いくつかのグラスに、前もってレモン汁を入れておいたんでしょ?」

泉の言葉に、すみれはくすくすと楽しそうに笑いました。

「わぁ、正解! さすがマジッククラブ、Ⓒ**頭が下がる**なあ。わたしもマジッククラブに入りたくなっちゃった。入ってもいい?」

すみれの言葉に、みんな「もちろん!」と同時にこたえました。

言葉の問題にチャレンジ!

次の言葉の意味に合うものを選び、記号に○をつけましょう。

Ⓐ **懸念**
- ア 不注意のためにおかした失敗。
- イ 心配すること。不安。
- ウ 人を傷つけること。

Ⓑ **腹をくくる**
- ア がまんする。
- イ 覚悟を決める。
- ウ 示し合わせる。

Ⓒ **頭が下がる**
- ア 深く感心させられる。自然に尊敬する気持ちになる。
- イ 頭が痛い。心配である。
- ウ 頭を使ってよく考える。

こたえは26ページ

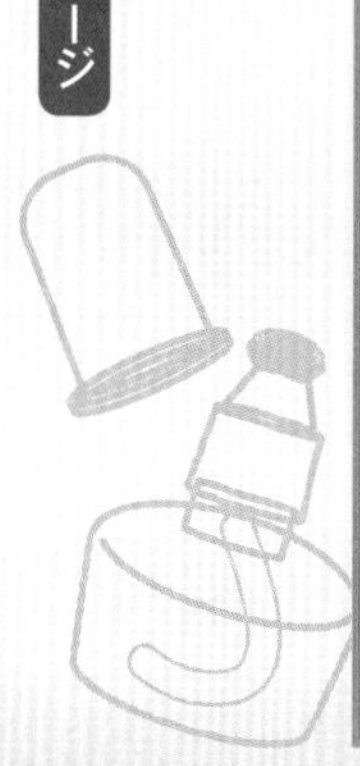

なぞ05

マジッククラブ・マジック

学習日　／

「今日、クラスで飼っている金魚にえさをやろうとしたら、うっかりえさのふたを水そうの中に落としちゃってさ。拾おうとして手をつっこんだら、Ⓐ水の中の指が太く見えたんだ。どうしてかなぁ？」

マジッククラブ四年生の拓海が、理科室に入るなり言いました。

「それは、空気と水そうの水の境目で、光の『屈折』が起きたせいだよ。光は水とガラスの境目で折れまがる性質があるんだ。見る角度によって太く見えたり縮んで見えたり、ずれて見えたりするよ。実験してみようか。」

大地がビーカーに水をくみ、ガラス棒をビーカーの中に入れました。ビーカーを横から見ると、水面を境にしてガラス棒がずれて見えました。

「へぇ、さすが部長！」

拓海が感心して拍手していると、美空と泉がやってきました。

「ちょっと、何やってるの？今日は、わたしのⒶ**十八番**のマ

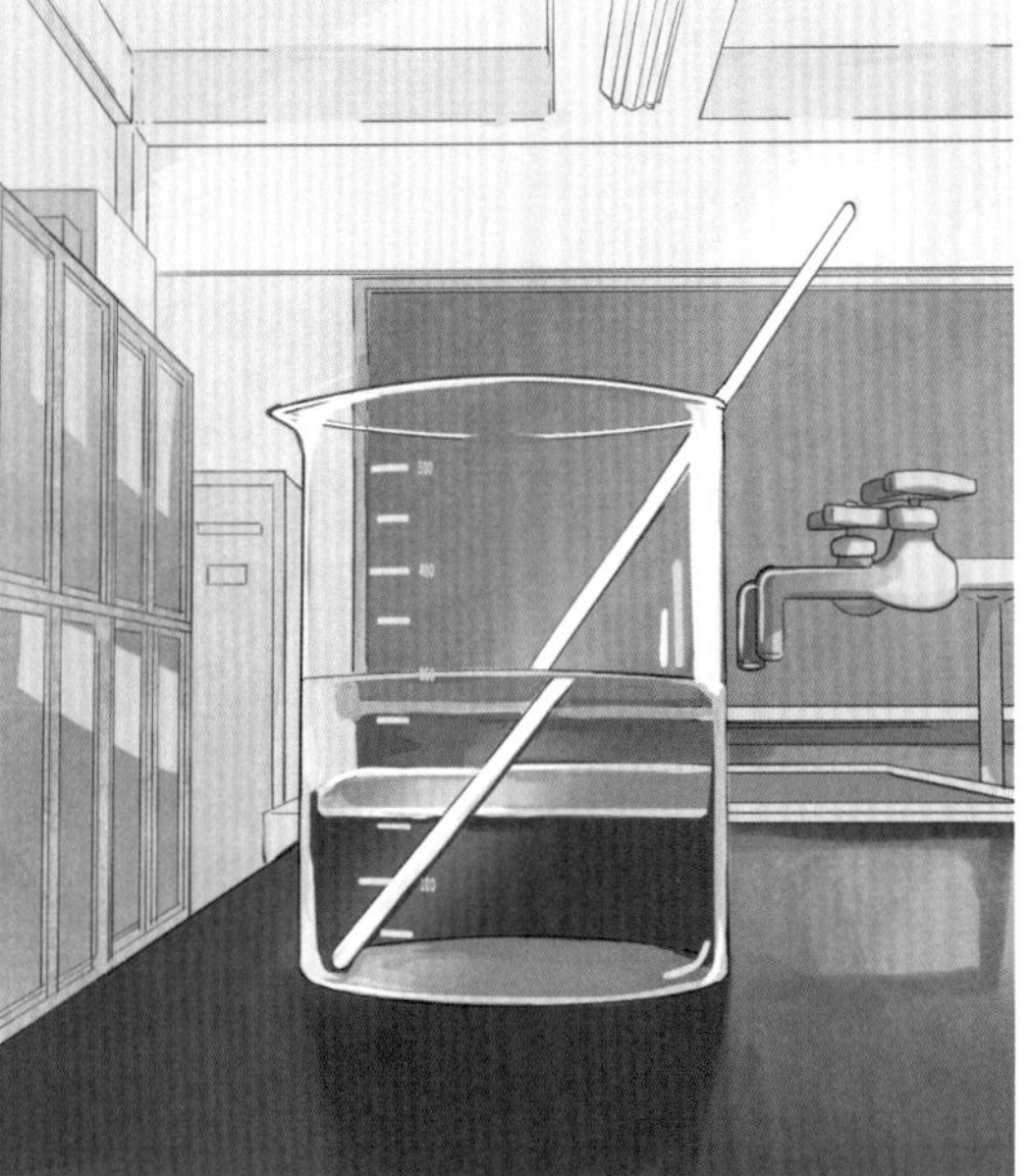

① ――Ⓐ拓海が金魚の水そうに手をつっこんだとき、水の中の指が太く見えたのはなぜですか。合うものを選んで記号に○をつけましょう。

ア 光が水と指の境目で折れまがったから。

イ 光が水と金魚の境目で折れまがったから。

ウ 光が水とガラスの境目で折れまがったから。

② マジッククラブの部長はだれですか。□に名前を書きましょう。

□

③ 美空がマジックをひろうするとき、だれがアシスタントになりましたか。□に名前を書きましょう。

□

マジッククラブ・マジック

ジックを見せる日なのに、だれかがⒷ**ぬけがけ**してわたしより先にマジックをひろうしているわけ？」

美空がほほをふくらませて言うと、拓海が首を横にふりました。

「ううん。部長に理科を教えてもらっていただけ。もう終わったよ。」

「じゃ、わたしの番ね。**手前みそ**だけど、このマジックをやると、みんな感心してくれるの。まだ、トリックを見破った人はいないよ！」

「わぁ。わたし楽しみにしていたんだぁ。」

新しくマジッククラブに入った四年生のすみれが、さくらといっしょに美空の真ん前のいすに座りました。みんなも、急いで座ります。

「わたし、今日はアシスタントなの。」

泉は、からの水そうに水を入れて、美空の前の大きな机に置きました。

「まず、すみれちゃん、ようこそマジッククラブへ！　すみれちゃんのおかげで、マジッククラブは八人。正式にクラブになりました！」

美空がすみれに拍手を送りました。すみれはうれしそうに笑います。

「それ、本来なら部長のぼくのセリフじゃない？」

大地は苦笑いしてつっこみましたが、美空は素知らぬ顔で続けます。

「正式なクラブとして初の**ひのき舞台**に立つのは、わたくし高井美空です。みんなに見せるのは『マジッククラブ・マジック』です。」

Ⓒ**雄弁**な美空に、みんなはどんなマジックなのかと興味津々です。

「さて、ここに用意したのは、どこにでも売っている透明なプラスチックのカップと、フェルトペンです。」

言葉の問題にチャレンジ！

次の言葉の意味に合うものを選び、記号に○をつけましょう。

Ⓐ **十八番**
- ア 道路や広場で行われる芸。
- イ こっそり覚えて、発表会などで見せる芸。
- ウ 得意とする芸。もっとも得意な技。

Ⓑ **ぬけがけ**
- ア 競争をすること。
- イ 人をだしぬいて、ものごとを行うこと。
- ウ ずうずうしいこと。あつかましいこと。

Ⓒ **雄弁**
- ア 度胸があり、きんちょうしないこと。
- イ 早口なこと。話し方が早いこと。
- ウ はっきりと力強く、堂々と話すこと。

こたえは27ページ

美空（みそら）の話し方は、まさに立て板（たいた）に水（みず）です。泉（いずみ）もカップとフェルトペンをさっと手わたし、ふたりの息はぴったりと合っていました。

「種（たね）もしかけもありません。どうぞ、みなさんチェックしてください。」

みんな順番（じゅんばん）にカップとフェルトペンをチェックしましたが、どこにもおかしなところは見つけられず、最後（さいご）に大地（だいち）から美空にもどされました。

「まず、このカップに文字を書きます。」

美空は、カップの真ん中にペンで「マジッククラブ」と書きました。

「次に、このカップにもうひとつのカップを美空に重ねます。」

泉がすかさず、もうひとつのカップを美空にわたしました。

「さぁ、ここからはまばたきしないでください。わたしが魔法（まほう）をかけた水そうにカップをしずめると、不思議（ふしぎ）なことが起こりますよ。えいっ！」

美空が何かを念（ねん）じて、水そうの水にふっと息をふきかけました。それから、カップを静かにしずめると……。「マジッククラブ」の文字が消えたではありませんか。不思議な現象（げんしょう）を目（ま）の当（あ）たりにした四年生たちは、

「どうして字が消えたの！？」

「わかった、水性（すいせい）ペンで書いたから字が消えたんだよ！」

④ ――い「不思議（ふしぎ）な現象（げんしょう）」とは、どんな現象（げんしょう）のことですか。□に当てはまる言葉を文章中から探（さが）して書きましょう。

美空（みそら）がプラスチックのカップに□で書いた、□が消えたこと。

⑤ 美空のマジックで、不思議（ふしぎ）な現象（げんしょう）が起こったとき、カップはどこにありましたか。合うものを選（えら）んで記号に○をつけましょう。

ア 空中
イ 水の中
ウ 水そうの上

⑥ 文字が消えたり現（あらわ）れたりする、美空のマジックは、何を利用（りよう）したものでしたか。大地（だいち）の言葉から探（さが）して四文字で書きましょう。

と、大さわぎです。美空は満足げににっこりしました。

「水性ペンではありません。その証拠をお見せしましょう！　えいっ！」

美空が一声かけると、消えたはずの「マジッククラブ」の文字が現れました。四年生たちは「すごーい！」と目を丸くして拍手をしました。

「あとから重ねたほうのカップは、ぼくたち見せてもらってないよね？」

炎が指摘すると、美空が「そ、そうだっけ？」とうわずった声を出し、カップの底を指でおさえたまま片づけようとしました。

「あ、わかった。ふたつ目のカップの底に穴が開いているんだ！」

大地がぽんと手を打ちましたが、みんなはぽかんとしています。

「これ、光の屈折を利用したマジックだよ。底の穴を指でおさえて水にしずめると、カップとカップの間には水が入らずに空気が入ったままになるんだ。水中と空気中では光の進み方がちがうから、文字が消えたように見えたってわけ。文字が現れたのは、ふたつ目のカップの底に開けた穴から水が入るように指をずらしたから。高井さん、**反論**できる？」

大地がにやりと笑うと、美空は苦笑いして、底に穴の開いたカップをしぶしぶ見せました。

「あーあ、初めて見破られちゃった。さすが部長！」

「最後まで**花を持たせたかった**けれど、種明かしをしないと、マジッククラブじゃないからね。でも、見せ方はすごくうまかった！　高井さんも湧野さんも、マジッククラブに入ってくれて本当にありがとう！」

この日以来、五年生四人はすっかり意気投合して仲良くなりました。

言葉の問題にチャレンジ！

次の言葉を正しい意味で使っている文を選び、記号に○をつけましょう。

Ⓓ 立て板に水

ア 立て板に水をして料理をする。

イ 彼女の立ち姿は立て板に水だ。

ウ 立て板に水の演説に聞き入った。

Ⓔ 念じる

ア 「自分はできる」と念じる。

イ 理科から多くのことを念じた。

ウ 全員の意見が念じた。

Ⓕ 目の当たり

ア 目の当たりが悪くて、黒板の字が読めない。

イ 彼女のすばらしい演奏を目の当たりにした。

ウ 目の当たりのケーキを食べていいよ。

こたえは27ページ

なぞ01 こたえと解説

結成！ マジッククラブ

8〜11ページ

【8・9ページ】

① 六（6）

解説

8ページ5〜7行目の大地の言葉から考えましょう。三月に六年生が卒業するまでは理科クラブがあったということは、少なくとも部員が八人いたことになり、大地と炎のふたりをのぞくと六人となります。

② 大地

解説

お話の最初から、登場人物の言葉と行動を整理しながら読んでいきましょう。8ページ5〜12行目の言葉は大地の発言なので、「『マジッククラブ』はどうかな？」という提案も大地のものとわかります。

③ 

解説

炎の「いいアイディアだよ」（9ページ4行目）より前の大地の発言を確かめましょう。

言葉の問題にチャレンジ！

Ⓐ ウ

Ⓑ イ

Ⓒ ア

言葉の学習

お話に出てきた言葉の意味を確かめましょう。

背に腹はかえられない……問題を解決するためには、他のことを犠牲にしても仕方がない。

瀬戸際……勝ち負けや、成功・失敗などの運命が決まる大切な分かれ目。

おぜん立て……準備を整えておくこと。

異彩を放つ……他とはちがっていて特に目立つ。多くの中ですぐれて見える。

【10・11ページ】

④ ウ

⑤ 

（生）卵・（お）酢

解説

からだけ消えた生卵のつくり方は、11ページ10・11行目にあります。そのあと、「よくわかったなあ」（11ページ17行目）と、炎が美空の推理を認めたことからも、そのつくり方で正しいと判断できます。

⑥ いいえ

解説

11ページ13〜16行目の美空と大地のやりとりの中に、こたえがあります。

言葉の問題にチャレンジ！

Ⓓ  ア

Ⓔ ウ

Ⓕ ウ

解説

「積極的」は「自分から進んでものごとを行う様子」、「ほくそ笑む」は「うまくいって、ひとりでひそかに笑う」、「圧巻」は「全体の中でもっともすぐれた部分」という意味です。

言葉の学習

お話に出てきた言葉の意味を確かめましょう。

見まがう……他のものと見まちがえる。

ちみつ……細かいところまで注意が行き届いていること。

理科の解説

卵のからの主な成分は、「炭酸カルシウム」です。お酢には、炭酸カルシウムをとかす力があります。生卵を二、三日お酢につけておくと、からだけがとけて、大地がつくった「スケルトン卵」ができあがります。からがとけた卵は、うすい皮に包まれていて、半透明です。おすとゴムボールのような弾力があります。

※からをとかした卵は食べられないので、注意しましょう。

なぞ02

こたえと解説 じゃんけんマジック 12〜15ページ

【12・13ページ】

①
一（1）

解説
お話の最初（12ページ1〜9行目）を読んで、状況を整理しましょう。クラブに必要な人数は八人で、新四年生たちが加わって五人になり、そのあと、美空と泉が加わったので合計七人。足りないのはあとひとりです。

②
ウ

解説
12ページ6行目「きらりと光りました」の前をよく読みましょう。

③
準備する時間

解説
12ページ17行目「そんなに理科が得意なら、科学マジックもできるんだ?」という大地の質問に対する美空の返事の中に、こたえがあります。

言葉の問題にチャレンジ！

Ⓐ ア

Ⓑ ウ

Ⓒ ア

言葉の学習
お話に出てきた言葉の意味を確かめましょう。
足手まとい……活動のじゃまになること。
即興……その場でつくり出すこと。

【14・15ページ】

④
当てた・うそ

解説
14ページ2行目に「美空自身は、他の部員の後ろの、日の当たる窓際に立ちました」と書かれています。その直後の「あれ、高井さんは湧野さん側に行かないの?」という炎の言葉に対する美空の返事を整理して、空らんに合うように書きぬきましょう。

⑤
ノート

解説
14ページ1行目に「手元をかくすノートを広げました」と書かれています。14ページ18・19行目「大地は、ノートのかげで右手をグーにしました」という文からも、こたえがわかります。

⑥
鏡のストラップ

解説
泉のバッグについていたものについては、15ページ14〜17行目を読むとくわしく説明されています。

言葉の問題にチャレンジ！

Ⓓ ア

Ⓔ ウ

Ⓕ ア

解説
「何食わぬ顔」は「(自分と関係があることがらについて)何も知らない、関係がないといった顔つきや、ふるまい」、「挙動」は「ふるまい。行動や動作」、「いぶかしい」は「あやしく思う様子。疑わしい」という意味です。

言葉の学習
お話に出てきた言葉の意味を確かめましょう。
以心伝心……言葉に出さなくても、心が通じ合うこと。
間接的……何かを間にはさんだ状態で行われたり、何かを通して働きかけたりする様子。

理科の解説
鏡などの物体に当たった光がはね返ることを、「反射」といいます。
お話の中で美空がしたように、日光を鏡で反射させて壁に当てると、壁の日光が当たった部分は、他の部分よりも明るく、あたたかくなります。また、鏡の数を増やし、壁の同じ部分に日光を反射させると、一枚の鏡で反射させたときよりもあたたかくなります。
※反射させた日光が目に入ると危険なので、注意しましょう。

こたえと解説

お兄ちゃんは魔法使い？　16・17ページ
不思議なハーブティー　18・19ページ

【16・17ページ】

① ウ

解説　16ページ4・5行目、炎の「これ、ひっつき虫って呼ばれる植物の実をヒントに発明されたんだよ」という言葉の「これ」が何を指すか、直前の部分を探しましょう。

② 公園の外周

解説　犬のマルの散歩コースについては、「そこはペットの犬のマルの散歩コースで」（16ページ8・9行目）とあり、「そこ」がどこを指すかは、直前を読むと書かれています。

③ 散歩・近道

解説　17ページ14・15行目にこたえがあります。

言葉の問題にチャレンジ！

Ⓐ ア　Ⓑ ウ　Ⓒ イ

言葉の学習

お話に出てきた言葉の意味を確かめましょう。

肩で風を切る……いばって得意そうに歩く様子。

はびこる……植物が勢いよくしげる。また、よくないものの勢いがさかんになり、広がる。

理科の解説

ヤエムグラやオナモミなどの種子には、表面に小さなとげがたくさんあります。このとげで動物の体などにくっつき、種子が遠くまで運ばれるのです。

【18・19ページ】

① 挑戦状

解説　18ページ2行目に「すみれから、マジッククラブへの挑戦状が届いたのです」とあります。

② ウ

解説　18ページ3〜10行目を注意して読みましょう。泉は手土産にしようと紫いものパンケーキを焼きますが、失敗し、18ページ8〜10行目で「見栄えが悪いからクッキーを買ったのだと言って、きれいな紙ぶくろを持ち上げてみせ」ています。

③ 青紫

解説　18ページ16行目〜19ページ4行目で、すみれがみんなのグラスにハーブティーを注いでいます。だれのハーブティーがピンク色に変化し、その他の人のハーブティーの色はどうだったか、読み取りましょう。

言葉の問題にチャレンジ！

Ⓐ イ　Ⓑ イ　Ⓒ ア

言葉の学習

お話に出てきた言葉の意味を確かめましょう。

見栄え……見た感じがよいこと。

淡い……（色や味、かおりなどが）うすい。かすかである。

理科の解説

マロウブルーや紫いもには、「アントシアニン」という色素がふくまれています。色が変わったのは、このアントシアニンが変化したためです。マロウブルーは、中性なら青紫色のままですが、酸性ではピンク、アルカリ性ではブルーに色が変化します。

なぞ05

こたえと解説

マジッククラブ・マジック 20〜23ページ

【20・21ページ】

① ウ

解説
20ページ5〜7行目で、拓海の疑問に大地がこたえているところをよく読んでみましょう。

② 大地

解説
拓海の疑問にこたえた大地に、拓海が「さすが部長!」(20ページ13行目)と感心しているところから、大地が部長なのだと判断できます。また、21ページ15行目で「それ、本来なら部長のぼくのセリフじゃない?」と大地が発言しているところからもわかります。

③ 泉

解説
21ページ10行目「わたし、今日はアシスタントなの」という言葉がだれによるものか、前後を注意して読みましょう。

言葉の問題にチャレンジ!

Ⓐ ウ　Ⓑ イ　Ⓒ ウ

言葉の学習

お話に出てきた言葉の意味を確かめましょう。

手前みそ……じまんすること。自分で自分をほめること。

ひのき舞台……自分のうで前をみんなに見せる立派な場所。

【22・23ページ】

④ (フェルト)ペン・(「マジッククラブ」の)文字

解説
「不思議な現象」(22ページ17行目)が何を指すかは、それより前の部分に書いてあります。

⑤ イ

解説
22ページ10〜17行目で、美空のマジックがどんな手順で行われているか、注意深く読みましょう。

⑥ 光の屈折

解説
美空のマジックの種に気づいた大地が、23ページ10行目で「これ、光の屈折を利用したマジックだよ」と言っています。

言葉の問題にチャレンジ!

Ⓓ ウ　Ⓔ ア　Ⓕ イ

解説
「立て板に水」は「すらすら話すことのたとえ」、「念じる」は「こうあってほしいと心で強く願う。いのる」、「目の当たり」は「目の前。目の前で見る」という意味です。

言葉の学習

お話に出てきた言葉の意味を確かめましょう。

反論……相手の意見に、反対の意見を述べること。またその意見のこと。

花を持たせる……名誉や勝利を相手にゆずる。相手を引き立たせる。

理科の解説

光は、水から空気など、ちがう物質の中にななめに入るとき、その物質の境目で折れまがります。美空のマジックは、この性質を利用したものです。片方のカップの底に小さな穴を開けて、もうひとつのカップの外側に重ね、内側のカップの中に水が入るように、水の中にしずめます。このとき外側のカップは、穴を指でおさえると、水が入ってきません。内側のカップと外側のカップの間にある空気と、内側のカップに入っている水との境目で光が屈折し、文字が消えて見えたのです。穴をおさえる指をはなすと、ふたつのカップの間に水が入って光の屈折が起こらなくなり、文字が再び現れたように見えます。

水溶液

18・19ページ

水に物質がとけたものを**水溶液**といいます。水溶液は、食塩などの固体がとけたもの、アルコールなどの液体がとけたもの、二酸化炭素などの気体がとけたもの、というふうに、とけているものの状態によって、分けることができます。また、**リトマス紙**に水溶液をつけることで、水溶液を**酸性**、**アルカリ性**、**中性**に分けることができます。リトマス紙には、青色と赤色の二色があります。

水溶液が酸性のときは、リトマス紙に水溶液をつけると、青色リトマス紙が赤色になり、赤色リトマス紙は変化しません。アルカリ性のときは、赤色リトマス紙が青色になり、青色リトマス紙は変化しません。中性のときは、青色リトマス紙も赤色リトマス紙も変化しません。

酸性の水溶液には、二酸化炭素がとけた炭酸水や、塩化水素がとけた塩酸、ホウ酸がとけたホウ酸水などがあります。

アルカリ性の水溶液には、水酸化ナトリウムがとけた水酸化ナトリウム水溶液や、アンモニアがとけたアンモニア水などがあります。

中性の水溶液には、食塩がとけた食塩水や、砂糖がとけた砂糖水などがあります。

なぞ05

光の屈折

20～23ページ

光は、ちがう物質との境目で、折れまがる性質があります。たとえば、空気の中をななめに通ってきた光は、水面から水に入ると、下向きに折れまがります。このように、光が折れまがる性質を、**光の屈折**といいます。

ここで、実験をしてみましょう。ボウルの底に十円玉を置いて、水を入れてみます。すると、十円玉がある場所が、水を入れる前よりも、浅くなったように見えます。十円玉から出た光が、水面で屈折して目に入るので、水を入れる前よりも、十円玉が浅いところにあるように見えるのです。

同じ理由で、川や池、海の底は、空気中から見ると、実際よりも浅く見えます。川や海で遊ぶときには、十分に注意しましょう。

雨上がりの空に七色の虹が見えるのも、光の色によって屈折の仕方が少しずつちがうからです。空気中にある水滴に入った太陽光が色によって分かれるので、七色の虹ができます。

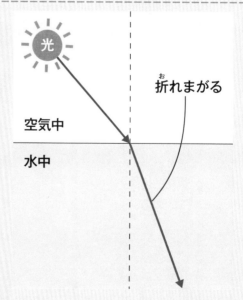

光

折れまがる

空気中

水中

おさらい！理科クイズ

酸性の水溶液には、どのような性質があるでしょう？

1 リトマス紙の色を変えない。

2 赤色リトマス紙を青色にする。

3 青色リトマス紙を赤色にする。

← こたえは50ページ

141ページのこたえ 2

同じ時刻に見える月は、毎日、東に約12度ずつずれます。

2章 サマーキャンプはなぞがいっぱい？

炎の提案で、三泊四日のサマーキャンプに参加することになった、マジッククラブの四人。

ぼやけた写真しかとれなくなってしまったカメラ、ひとりだけ熱中症になってしまった下級生、きも試しでのゆうれいさわぎ……。

サマーキャンプでも、さまざまななぞがマジッククラブの前に立ちはだかります。

マジッククラブは、次々と起こるなぞを解くことができるのでしょうか。

なぞ 06

ぼやけるカメラのなぞ

学習日 ／

夏休みになりました。一学期の間にすっかり仲良くなったマジッククラブの五年生四人は、今日から三泊四日のサマーキャンプに参加します。炎が「きっと理科のいい勉強になる。」と、みんなをさそったのです。

高原の宿舎までは、バスで片道四時間の旅です。大地と炎、美空と泉がとなり同士のペアになり、ふたりがけシートの前後に座りました。

「麦茶のペットボトルをこおらせてきたんだ。ほら見て……うわっ!?」

炎がリュックから麦茶を取り出すと、ペットボトルもリュックの中も、びしょぬれになっていました。

「こおった麦茶の冷気で、空気中の水蒸気が水になったからぬれたんだよ。ペットボトルカバーをつけて持ってこないと。炎くん、荷造りが**ずさん**じゃない？」

Ⓐ**口さがない**美空を、泉が苦笑いしてたしなめます。

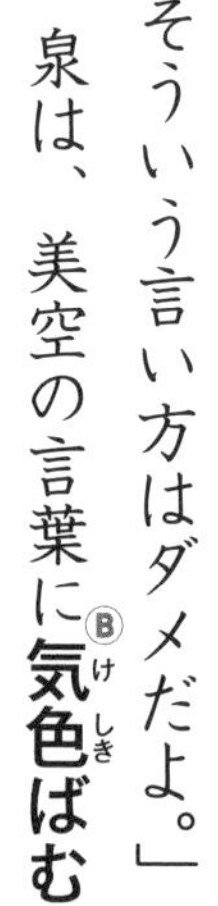

「そういう言い方はダメだよ。」

泉は、美空の言葉にⒷ**気色ばむ**

① サマーキャンプについて、正しく書かれているものはどれですか。合うものすべてに○をつけましょう。

- □ キャンプで夜泊まるのは四日だ。
- □ 炎がみんなをキャンプにさそった。
- □ 宿舎は高原にある。
- □ 大地は麦茶を持ってきていた。

② 炎のリュックの中は、なんの液体でびしょぬれになっていましたか。合うほうに○をつけましょう。

麦茶・水

③ 大地が、炎から聞いていたサマーキャンプの行事の中で、一番楽しみにしていたのはなんですか。文章中から探して五文字で書きましょう。

□□□□□

炎に「使って。」と、タオルハンカチをわたしました。周りにぐるりとファスナーがついているⒸ**奇異**なデザインです。炎が首をかしげながらペットボトルを包んでファスナーを閉めると、ペットボトルがすっぽり収まりました。炎と美空が、同時に感心した声を上げました。

「すごい！　ハンカチがペットボトルホルダーになった。」

「さっすが、泉！　もしかして、これも手づくり？」

　それからは、四人で仲良く科学マジックについておしゃべりをしているうちに、バスが宿舎に着きました。外は夕焼け空で、宿舎の中で簡単な説明を受けたあと、すぐに夕食の時間がやってきました。

「待ってました！　もうおなかぺこぺこ。」

　夕食をとっている間、キャンプリーダーの森さんから話がありました。

「夕食後に芝生広場で星空観測会を開くので、希望者はロビーに集合するように。夏でも高原の夜は寒くなるから、必ず防寒着を用意すること。」

「ぼく、炎から聞いたサマーキャンプの行事の中で、これが一番楽しみだったんだ。望遠鏡で惑星を見たいなぁ。」

「わたしは、星空の写真をとるつもり。お父さんからカメラを借りてきたんだ。星の写真のとり方も習ってきたの。**付け焼き刃**だけれど。」

　大地と美空が、星について楽しそうにしゃべっています。

　夕食後、四人はぼうしをかぶり、上着を着こんでロビーに集まりました。芝生広場は、宿舎から歩いて五分ほどの場所にありました。

　森さんの合図で、みんなが懐中電灯を消すと……。

言葉の問題にチャレンジ！

次の言葉の意味に合うものを選び、記号に○をつけましょう。

Ⓐ 口さがない

- ア　すらすらとたくさん話す。
- イ　言うつもりがないのに、うっかり言う。
- ウ　人のことをあれこれ口うるさく言う。

Ⓑ 気色ばむ

- ア　青ざめる。血の気が引く。
- イ　しょんぼりする。気落ちする。
- ウ　おこった様子を顔に出す。

Ⓒ 奇異

- ア　普通とはちがっていて、めずらしいこと。
- イ　おしゃれなこと。デザインがすぐれていること。
- ウ　地味なこと。目立たないこと。

こたえは46ページ

「うわぁ、すごーい！」

夜空には、数えきれないほどの星が光っています。

「ほら、あれが天の川だよ！　天の川の濃いところに見えるのが、さそり座といて座。頭上に見えるのは、夏の大三角だ！」

大地が、近くにいる下級生たちに、夏の星座を教えています。

「よし、天の川と夏の星座の写真をじゃんじゃんとるぞ。」

カメラを取りつけた大きな三脚をⒹ**たずさえて**いた美空は、はりきってカメラを構えました。お父さんに教わった通りに設定し、手でぶれないようにリモコンでシャッターを切ります。

「美空ちゃん、そろそろもどらない？　寒くなってきたよ。」

「ううん、もう少しここにいる。泉たちは先にもどってていいよ。」

「ああ、寒かった。星の写真、たくさんとったよ！」
美空が満足げにもどってきたのは、泉たちより一時間もあとでした。美空はいすに座ると、写真のチェックをはじめました。
「初めてにしては上出来！　わたし、センスあるかも！」
美空は、しばらく**ほおづえ**を

4 美空は星の写真をとるときに、手でぶれないためにどんな工夫をしましたか。□に当てはまる言葉を文章中から探して書きましょう。

大きな［　　　　］にカメラを取りつけて［　　　　］でシャッターを切る。

5 星空観測会のとき、泉は美空よりどれくらい早く外からもどりましたか。□に書きましょう。

［　　　　］

6 星空観測会で、美空は星空を上手に撮影することができましたか。合うものを選んで記号に○をつけましょう。

ア　すべての写真がきれいに写っていた。
イ　きれいに写っている写真とぼやけている写真があった。
ウ　すべての写真がぼやけていた。

ついて写真を見ていましたが、急に「えっ！」と大声を上げました。

大地が「どうした？」と、モニターをのぞくと、ひとつ前の写真ではきれいに写っていた星がぼんやりにじんでいました。それからあとの写真は、すべてぼやけています。美空はショックで言葉もありません。

「三脚を動かしたり、カメラにさわったりした？」

「美空ちゃんの他に、カメラにさわった人は？」

炎と泉の言葉にも、美空はだまって首を横にふりました。

「ちょっと、カメラを見せてもらっていい？」

大地が美空からカメラを受け取ると、レンズ部分がかなり冷えていました。ピンときた大地が、レンズのほうからカメラをのぞくと……。

「やっぱり、レンズがくもっている！　夜になって気温が下がったからレンズが冷えて水滴がついたんだ。美空ちゃん、炎のこと言えないね！」

大地の言葉に、美空は「はああっ。」と大きく息をつきました。

「こわれていなくてよかった。高原は夜露が降りやすいってこと、Ⓔ**肝に銘じ**ます。炎くんにえらそうにしたⒻ**報い**だ。炎くん、昼間はごめんね。」

「いいよ。」と、炎は昼間のことをさっぱり**水に流し**、笑顔を見せました。

「どれどれ。このぐらいなら、ドライヤーの冷風でかわかせば大丈夫。」

カメラにくわしい森さんが、レンズをかわかしてくれて一件落着です。

「よし、明日の夜は、対策をして再挑戦だ！」

「そういうところが、美空ちゃんらしいね。」

やる気満々の美空に、炎たち三人は顔を見合わせて笑いました。

言葉の問題にチャレンジ！

次の言葉を正しい意味で使っている文を選び、記号に○をつけましょう。

Ⓓ たずさえる

ア 災害にたずさえて防災リュックの準備をしておく。

イ 彼は書類ケースをたずさえてやってきた。

ウ お地蔵さんにだんごをたずさえた。

Ⓔ 肝に銘じる

ア 努力することを肝に銘じる。

イ 子どもが車の前に飛び出て、肝に銘じた。

ウ 彼は肝に銘じた立派な演奏をした。

Ⓕ 報い

ア 人にいじわるをした報いだ。

イ 休日に報いを進めておいた。

ウ いとこから結婚式の報いが来た。

こたえは46ページ

なぞ07

美空は気象予報士？

サマーキャンプ二日目。森さんを先頭に午前中からハイキングです。

「今日は暑くなるって、天気予報で言っていたぞ。」

森さんが言うと、だれかが質問をしました。

「ねぇ、気象衛星がなかった昔は、天気予報もなかったの？」

「昔は自然現象から天気を予想していたんだよ。天気にⒶ**まつわる伝承**はたくさんあるんだ。Ⓑ**眉唾物**も多いけどね。」

「へぇ。でも今日は青空だから、きっと一日晴れだよね。」

泉が見上げた空には、飛行機雲がすぅっとのびて帯のように太く広がっていきました。

「うーん、Ⓐあとで雨が降るかも。」

美空が予想すると、みんな「まさか」と笑いました。

美空たちは、二時間かけて湿原の散策路をハイキングし、湖に着きました。宿舎でつくってもらったお弁当を食べながら、

学習日　／

①森さんによると、気象衛星がなかった昔は、何から天気を予想していましたか。文章中から探して□に書きましょう。

□

②—Ⓐ美空が「あとで雨が降るかも」と予想したとき、みんなが「まさか」と笑ったのはなぜですか。合うものを選んで○をつけましょう。

ア よい天気だったから。

イ 飛行機が飛んでいたから。

ウ ハイキング中だったから。

③—Ⓘ美空が「夕立が来る」と当てられたのは、何を見たからですか。文章中から探して三文字で書きましょう。

□□□

美空は気象予報士？

美空は空を見上げました。山の上に、もくもくした入道雲が見えます。

「きっとⓘ夕立が来るよ。少し早めにもどったほうがいいかも。」

森さんは雲を見上げると、「そうしようか。」と、早めにもどることに賛成しました。帰り道の途中、生あたたかい風がふいてきて、宿舎まであと三十分というところで、ついに激しい雨がザーッと降りだしました。

「うわぁ、美空ちゃんの言った通りだ！」

けれど、近くに雨宿りできる場所はありません。みんな持参していたレインコートを着て道を急ぎます。宿舎へ着いてぬれた持ち物をみんながタオルでふいていると、今度は雨が上がって日が差してきました。

「今日はもう雨降らないといいなぁ。美空ちゃん、どう思う？」

年下の子に聞かれ、美空は窓から頭を出して空を見まわしました。

「今日はきれいな夕焼けになるよ！　明日もきっと晴れ。ほら見て！」

と東の空を指さしました。そこには、きれいな虹がかかっていました。少しすると、美空の予想通り、西の空は真っ赤な夕焼けになりました。

「美空ちゃん、すごーい。なんで天気を当てられたの？　気象予報士？」

「ふふ、天気の©**よしあし**は自然が教えてくれるの。飛行機雲が広がるのは、天気がくずれる印。入道雲は夕立が来る印。夕方の虹と夕焼けは西の空が晴れている証拠で、晴れの印。天気は西から変わるからね。ま、絶対じゃなくて、そういう**傾向**があるってことだけど。」

美空がすらすらと説明したので、みんなは目を丸くしました。

「さすが、空のことにくわしいね。美空ちゃんだけに！」

言葉の問題にチャレンジ！

次の言葉の意味に合うものを選び、記号に○をつけましょう。

Ⓐ **まつわる**

ア よく調査する。研究する。

イ そなえものをして儀式をする。

ウ つながりがある。関係がある。

Ⓑ **眉唾物**

ア ねらったものからそれるもの。当たらないもの。

イ 古いもの。昔のもの。

ウ 信用できないもの。

Ⓒ **よしあし**

ア よいことと悪いこと。

イ 変化。様子が変わっていくこと。

ウ よかったものが悪くなっていくこと。

こたえは47ページ

なぞ08

オスメスどっち？

サマーキャンプ二日目のⒶ**宵の口**、男子数人が昆虫採集に出かけました。

「ぼくは去年も来ていて、虫が集まる木の見当がついているんだ。今朝、**対象**の木にえさをつけておいたから、つかまえられると思うよ。」

炎が木立の中を進みながら言うと、大地は「へぇ！」と感心しました。

「さすが、昆虫に**精通**している炎は、手際がいいなぁ。でも、炎がしかけたえさに集まったのを、ぼくらがもらうのはⒷ**虫がよすぎ**ない？」

「そんなことないよ！　昆虫好きが増えてくれたらうれしいし。」

炎が気前よく言いました。日がしずんだばかりの空は青紫色に染まり、セミがジージリジリジリ……と鳴いています。

「ほら、すぐそこの大きな木に、オスのアブラゼミがいるよ。」

炎が指をさすと、近くにいた四年生の茂が、セミにさっとあみをかぶせました。ジジジと大暴れするセミの勢いにおどろいたのか、茂は虫かごに入れられずにⒸ**二の足をふんで**います。炎は、かわりにあみの中からセミを出すと、みんなにセミの腹を見せました。

「オスは鳴いてメスにアピールするための『腹弁』が発達しているんだ。メスに腹弁はないから、オスしか鳴かないんだよ。」

そう説明してから、セミを茂の虫かごに入れてあげました。

学習日　／

① 炎は昆虫採集のために、どんな準備をしていましたか。□に当てはまる言葉を文章中から探して書きましょう。

朝、虫が［　　　　］木に、［　　　　］をつけておいた。

② 腹に腹弁のあるセミは、オス、メス、どちらですか。合うほうに○をつけましょう。

オス・メス

③ 宿舎への帰り道で炎が見つけたセミの羽が白かったのは、なぜですか。合うものを選んで記号に○をつけましょう。

ア 木の幹にとまってじっとしているから。
イ 産卵管がないから。
ウ 羽化したばかりだから。

なぞ08　オスメスどっち？

クヌギやコナラの木に炎がえさをつるしていたおかげで、そのあと全員がカブトムシやクワガタをつかまえることができました。

宿舎への帰り道、炎が白い羽のセミを見つけました。木の幹にとまってじっとしています。そのすぐ下にはぬけがらがくっついていました。

「これは、鳴かないでじっとしているからメスだね！　何ゼミかな？」

茂が自信満々に言いましたが、炎はオスだと断言しました。

「おなかを見ていないのに、なんでわかるの？　それもマジック？」

四年生の昇が不思議そうに聞いたので、炎がくっと笑いました。

「まぁ、そんなようなもんかな。種明かしをすると、ぬけがらで見分けたんだ。メスのおしりには『産卵管』の線があるけれど、卵を産まないオスにはないんだ。ほら、このぬけがらのおしりには、線がないだろ？」

炎はちょっと得意げにこたえてから、いつの間にか木の幹からはずして持っていたぬけがらを、みんなに見せました。

「このセミは今日羽化したばかりで、羽をかわかしている途中だから、さわっちゃだめだよ。ちゃんと鳴けるようになるまで数日かかるんだ。」

羽化したてのセミまで見られて、みんな大満足の昆虫採集でした。

言葉の問題にチャレンジ！

次の言葉の意味に合うものを選び、記号に○をつけましょう。

Ⓐ 宵の口

ア　夜が明けるころ。夜明け前。

イ　真夜中。深夜。

ウ　日が暮れて間もないころ。夜になりはじめたころ。

Ⓑ 虫がいい

ア　いやで、たまらない気持ちになる。

イ　なんとなく気に入らない。

ウ　ずうずうしい。自分の都合ばかり考えている。

Ⓒ 二の足をふむ

ア　思い切れず、ものごとを行うのをためらう。

イ　足をじたばたさせる。地団駄をふむ。

ウ　苦労をする。なかなかできない。

←こたえは47ページ

なぞ 09 夏の太陽にご用心！

学習日 ／

サマーキャンプ三日目、午後の自由時間です。昨日の夕立以外は、キャンプにⒶ**あつらえ向き**の晴天が続いています。マジッククラブの四人は、※外の東屋にいました。炎が他の三人に、昨日つかまえたカブトムシとクワガタの飼育ケースの前で、世話の**要領**を教えています。

そこへ、昇がやってきました。夕べの昆虫採集に参加していた子です。

「ねぇ、『ふえおに』をやらない？　すぐそこでやっているんだ。」

「いいね！　ところで昇くん、どうして体操着を着ていないの？　ぼうしもかぶったほうがいいよ。日差しが強いから。」

炎が助言しました。みんな学校の体操着に体育ぼうをかぶっていますが、昇だけ黒いシャツでぼうしもかぶっていません。

「昨日、水たまりで転んで、体操着がよごれちゃったんだ。ぼうしは部屋に忘れてきちゃって。」

「ぼうし、取っておいでよ。Ⓑ**ささい**

① キャンプ三日目の自由時間、マジッククラブの四人はどこにいましたか。文章中から探して□に書きましょう。

［　　　　］

② 昇がぼうしをかぶっていないのはなぜですか。合うものを選んで記号に○をつけましょう。

ア 水たまりで転んでよごれてしまったから。

イ 部屋に忘れてきたから。

ウ 黒いシャツを着ているから。

③ 大地が昇に、ぼうしを取ってくるようにすすめた理由はなんですか。□に当てはまる言葉を書きましょう。

高原は、はだに有害な［　　　　］が強く、黒い髪は［　　　　］を吸収しやすいから。

なことに思えるかもしれないけれど、高原は、はだに**有害**な紫外線が強いんだよ。黒い髪は太陽の熱を吸収しやすいし。」

横から大地が口を出しましたが、昇は気にもとめません。

「全然平気だよ。ね、早く行こうよ！」

昇に手を引かれて立ち上がりながら、炎は三人をふり返りました。

「大地たちは？　来ないの？　体を動かして遊ぼうよ。」

「ううん、ここで見ているよ。炎がんばれ！」

大地たちが手をふると、炎はぼうしをかぶって走っていきました。

「炎は元気だなぁ。ふえおにって、どんどんおにが増えるから、にげるのつかれちゃうんだよね。ぼくはⒸ**傍観**者でいいや。」

大地の言い方に、飼育ケースをのぞいたまま美空が笑いました。

「大地くん、おじいさんみたい。元気なカブトムシとクワガタを見習ったら？　昆虫ゼリーをすごい勢いでなめているの。案外かわいい。」

飼育ケースの中の様子を、三人でしばらくながめていると……。

「お、みんな熱心に見ているね。ミヤマクワガタに興味持った？」

背後から急に炎の声がしたので、三人はおどろきました。

「あれ、炎くん、ふえおにはもう終わったの？」

泉が目を丸くすると、炎は「続いているよ。」とこたえました。

「でも、日差しが強いから、休み休みやらないとね。みんなにも飲み物を飲んでおいでって言ったところ。ここは屋根があるぶん、すずしいね。」

※東屋……庭園などに設けられる休息所。四本の柱と屋根だけの建物。

言葉の問題にチャレンジ！

次の言葉の意味に合うものを選び、記号に○をつけましょう。

Ⓐ **あつらえ向き**

ア　希望通りで都合のよい様子。

イ　おどろくほど立派である様子。見事な様子。

ウ　いいかげんな様子。まじめにしない様子。

Ⓑ **ささい**

ア　あまり重要でない様子。わずかな様子。

イ　ほっそりしていること。はばがせまいこと。

ウ　くだらないこと。なんの役にも立たないこと。

Ⓒ **傍観**

ア　勝ち負けを決めること。

イ　そばでただながめていること。

ウ　周りの人にめいわくをかけること。

こたえは48ページ

そう言って、ペットボトルのスポーツドリンクをがぶがぶ飲みました。

「あれ、休けいって言ったのに、みんなまだ走りまわっているなあ。」

炎は苦笑いをしながら下級生のほうへ向かいました。そのときです。

「イタタタターッ！」と、とつぜん昇がしゃがみこみました。炎が真っ先にかけ寄ると、昇はふくらはぎをおさえていました。どうやら、足がつったようです。みんなも、**安否**を気にしてかけつけました。

炎は昇に肩を貸すと、東屋へ連れていきました。昇の顔は真っ赤で、あせがだらだら流れています。体からはむわっと熱気が伝わりました。

炎は昇のくつをぬがすと、つま先を足の甲の方向へそらしました。昇は痛がりましたが、炎は真剣な表情で話しかけました。

「こうしたほうが早く収まるから、がまんしてね。それと、頭が痛かったり吐き気がしたりしない？」

「なんか体に力が入らないかも。どうしちゃったんだろ？」

昇が弱々しくこたえました。

「これ、きっと熱中症だよ。だれか、森さんを呼んできて。それと、スポーツドリンク！　あと、ぬれタオルで体を冷やそう！」

集まっていた中のだれかが「ぼく、呼んでくる！」と走っていき、

4 下級生はみんな休けいを取っていましたか。はい、いいえのどちらか、合うものを選んで○をつけましょう。

はい・いいえ

5 東屋へ連れてきたとき、昇はどんな様子でしたか。□に当てはまる言葉を文章中から探して書きましょう。

顔は［　　］で、［　　］が流れていた。

6 昇が熱中症になったのには、どんな理由が考えられますか。ぼうしをかぶっていなかったことの他に、ふたつ書きましょう。

［　　］

［　　］

なぞ09 夏の太陽にご用心！

泉はスポーツドリンクを昇にゆっくり飲ませました。

美空はぬれタオルを昇の首やわきの下に当て、大地はぼうしであおいで風を送り、Ⓓ**かいがいしく**世話をしました。

「森さんを呼んできたよ！　車で病院へ連れていってくれるって。」

昇がキャンプリーダーの森さんにかかえられて病院へ向かったあと、三十分もしないうちに電話でⒺ**朗報**がもたらされました。

「炎くんたちの対処は効果Ⓕ**てきめん**で、病院では特に処置の必要がなかったよ。熱中症は軽症に見えても、**ややもすると**重症化することがあるんだ。よく対処できたねと、医師がほめていたよ。」

医師からほめられたと聞いて、炎たちはまんざらでもありません。

「でも、どうして昇くんだけ熱中症になったのかなぁ？」

ふえおにをしていた子が不思議がると、炎が少し考えてこたえました。

「それは、休けいを取らなかったことと、あとは『黒』のせいだろうね。」

「黒のせいって、どういう意味？」

「黒って太陽の熱を一番吸収する色なんだ。みんな白の体操着に白の体育ぼうをかぶっていたけれど、昇くんだけ黒いシャツでぼうしもかぶっていなかっただろ。体にふれたとき、シャツがとても熱かった。実は、同じミスでぼくも二年前に熱中症になったんだ。前回の失敗が役立ったよ。」

炎が頭をかくと、「**けがの功名**だね。」と、美空が笑いました。

やがて、**病み上がり**にしては元気な様子で昇がもどってきました。

「炎くんたちのおかげで助かったよ。本当にどうもありがとう！」

言葉の問題にチャレンジ！

次の言葉を正しい意味で使っている文を選び、記号に○をつけましょう。

Ⓓ かいがいしい

ア　彼はなまけ者でかいがいしい。

イ　かいがいしく休けいした。

ウ　彼女は次の日もかいがいしく働いた。

Ⓔ 朗報

ア　アナウンサーは事件を朗報した。

イ　彼がけがをしたという朗報に、家族はしずんだ。

ウ　妹が試験に合格したという朗報が届いた。

Ⓕ てきめん

ア　てきめんのケーキをごちそうした。

イ　薬の効果はてきめんだった。

ウ　過去のてきめんをふり返って反省した。

こたえは48ページ

なぞ10

きも試しでゆうれいさわぎ!?

学習日　／

サマーキャンプ三日目の夕方のことです。宿舎の三階の窓から「わぁ！」と歓声が上がりました。遠い平原に、熱気球がうかんでいるのが見えたからです。ⓐ窓から見えるⒶ**牧歌的**な景色に、みんなくぎづけです。

「気球ってすごく大きいのに、どうやって空にうかぶのかなぁ？」

だれかがふと疑問を口にすると、すかさず大地がこたえました。

「気球の中の空気をバーナーであたためるんだよ。」

「あたたかい空気は軽くなるから、気球がうかぶの。」

美空もつけ加えました。

「へぇ、空気だけで人を乗せて飛べるなんてすごいね！」

みんなは、気球が下りるまであきずにながめ続けました。

さて、楽しかったサマーキャンプも最後の夜をむかえました。夕食のあとは、最後のイベント「きも試し」です。近くのお寺まで行き、係の人に「証明

① ―ⓐ「窓から見える牧歌的な景色」とは、具体的にどんな景色のことですか。□に書きましょう。

② 気球の中の空気をあたためると、気球が空にうかぶのはなぜですか。文章中から探して□に書きましょう。

③ きも試しの「証明書」はどこでもらえますか。合うものを選んで記号に○をつけましょう。

ア　お寺
イ　お墓
ウ　宿舎

書」をもらってもどってくる、というコースです。

「道にまよってお墓に着いちゃったらどうしよう。こわいなぁ……。」

まだ明るい宿舎にいるうちから、Ⓑ**浮き足立って**いる子がいます。

「十メートルおきに竹キャンドルが置いてあるから大丈夫だよ。大人も待機しているから、**万が一**トラブルが発生したら、大人に知らせてね。」

森さんの説明に、こわがっていた子も「はーい。」と返事をしました。

準備が整うと、みんながやがやと外に出てペアを組みました。マジッククラブは、大地と美空、炎と泉でペアを組むことになりました。

「ふっふっふ。わたし、おばけ屋敷とか、きも試しが大好きなの。こわい子は、わたしたちについてくれば大丈夫だからねっ！」

「まぁ、おばけなんてⒸ**不合理**なもの、存在しないからね。」

美空は大はりきりで、大地はいつも通り冷静です。

「そうかなぁ。科学で説明できないことだって世の中にはあると思うよ。」

炎が言うと、泉も「そうだよね。」と、出発していく子を不安げに見ています。やがて、大地たちが出発し、炎たちの番になりました。

「竹キャンドルってきれい。きも試しっていうより、夜の散歩だね。」

前方から美空のうきうきした声が聞こえます。炎と泉も**奮起**して歩きだしたものの、自然と早足になり大地と美空に追いつきました。

「やっぱり、マジッククラブ四人で行こうよ、ね？」

泉が美空にぴったりくっつきました。結局四人でかたまって進んでいくと、ほわぁん、ひゅううと生あたたかい風がふきぬけていきました。

言葉の問題にチャレンジ！

次の言葉の意味に合うものを選び、記号に○をつけましょう。

Ⓐ **牧歌的**

ア ある状態が長続きする様子。

イ 運命として決まっている様子。

ウ そぼくでのんびりしている様子。

Ⓑ **浮き足立つ**

ア あることに夢中になる。

イ 恐れや不安でそわそわして落ち着いていられなくなる。

ウ 危険や大変なことが自分のすぐそばにせまっている。

Ⓒ **不合理**

ア 正しい理屈や道理に合っている様子。

イ 相手によって態度を変えること。えこひいき。

ウ 筋が通らないこと。理屈に合わないこと。

こたえは49ページ

「わぁっ、きも試しっぽくなってきたね！」

美空はますます楽しそうです。と、そこへ……。

「た、大変だぁ！　ゆ、ゆうれいが出たぁ！」

前から数人の子どもたちが、Ⓓ**あえぎながら**走ってきました。マジッククラブのメンバーを見ると、その場でぺたんと座りこみ、**放心**状態です。

「大丈夫？　ゆうれいって、一体君たち何を見たの？」

大地がかがんで質問すると、ひとりが前方を指さして言いました。

「向こうの竹キャンドルの上で、白いゆうれいがうかんでいたんだ！」

「うーん。でも、それがゆうれいとは限らないだろう？　きっと何かと見まちがえたんだよ。」

大地はどこまでも**理性**的ですが、にげてきた子たちは「白くてうかんでいたんだから、ゆうれいだ。」と言ってゆずりません。

「よし、確かめよう。大丈夫、ゆうれいなんていないよ。」

「もしゆうれいなら、わたしがやっつけるから！」

大地と美空が自信満々に言うので、にげてきた子たちもこわごわ立ち上がりました。大地と美空を先頭に、ふたつ目の竹キャンドルまでやってきましたが、白くうかぶものは見えません。

「ゆうれいなんていないみたいだけど……。」

炎が言った瞬間、びゅうっと強い向かい風がふいて、白いものが炎の顔にぺたりとはりつきました。炎は「ギャーッ、何!?」とさけびながらも、なんとかその場にⒺ**ふんばりました**。

4 子どもたちがあえぎながら走ってきたのはなぜですか。合うものを選んで記号に○をつけましょう。

ア　ゆうれいが出たと思ったから。
イ　マジッククラブのメンバーを見たから。
ウ　放心状態だから。

5 炎が「ギャーッ」とさけんだのはなぜですか。□に当てはまる言葉を文章中から探して書きましょう。

□が強くふいて、□が顔にはりついたから。

6 子どもたちがゆうれいだと思ったものの正体はなんでしたか。□に書きましょう。

□

「何ってスーパーのビニールぶくろだよ？　あっ、わかった！」

美空はクスクス笑いながらも、何かピンときたようです。

「ぼくもわかった！　このふくろが、ゆうれいの正体だよ。」

大地がビニールぶくろを8の字にふって空気を入れ、竹キャンドルの上にかざすと……ビニールぶくろはふわりふわりとうき上がりました。

「ビニールぶくろの中の空気をあたためると、こんなふうにうかぶんだ。」

「空気はあたたまると上に移動するからね。熱気球と同じ！　暗かったから、ゆうれいとまちがえちゃったんだね。はい、なぞ解き完了だよ。」

美空がにっこり笑うと、にげてきた子たちもほっと安心しました。

「みんな、本当に理科の知識でいろいろ解決しちゃうんだね。ぼく、二学期からマジッククラブに入りたくなっちゃった。仲間に入れてくれる？」

そう言ったのは、昼間に熱中症になった四年生の昇でした。すっかりマジッククラブのメンバーに(F)**感化**された様子です。

「もちろん！　大歓迎だよ。」

サマーキャンプ最後のイベントで、**有終の美**をかざったマジッククラブのメンバーは、ほこらしげでした。二学期も活やくが楽しみです。

言葉の問題にチャレンジ！

次の言葉を正しい意味で使っている文を選び、記号に○をつけましょう。

(D) あえぐ

ア　急な上り坂にあえぐ。

イ　彼女は空をあえいだ。

ウ　やる気をあえいで、がんばる。

(E) ふんばる

ア　けんかで相手の顔をふんばった。

イ　最後まであきらめずふんばる。

ウ　店のポスターをふんばる。

(F) 感化

ア　絵画作品を見て感化した。

イ　母に感化されてパンづくりをはじめた。

ウ　しみじみと感化にふけった。

← こたえは49ページ

こたえと解説

ぼやけるカメラのなぞ 30〜33ページ

【30・31ページ】

① ○ 炎がみんなをキャンプにさそった。
○ 宿舎は高原にある。

解説

三泊四日とは、宿舎に泊まるのは三晩、旅行全体の日数は四日という意味です。大地が麦茶を持ってきていたかどうかは、お話の中に書かれていません。

② 水

解説

炎のリュックの中がびしょぬれになった理由は、30ページ9〜11行目に書かれています。麦茶そのものでぬれたのではないことを読み取りましょう。

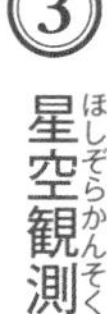

③ 星空観測会

解説

キャンプリーダーの森さんが星空観測会について話したあと、大地が「炎から聞いたサマーキャンプの行事の中で、これが一番楽しみだったんだ」（31ページ14・15行目）と言っています。

言葉の問題にチャレンジ！

Ⓐ ウ
Ⓑ ウ
Ⓒ ア

言葉の学習

お話に出てきた言葉の意味を確かめましょう。

ずさん……いいかげんなこと。まちがいが多いこと。

付け焼き刃……一時の間に合わせに身につけた知識や技術。

【32・33ページ】

④ 三脚・リモコン

解説

美空がどのように星空の写真をとったかは、32ページ7〜9行目に書かれています。

⑤ 一時間

解説

32ページ15〜17行目の「美空が満足げにもどってきたのは、泉たちより一時間もあとでした」という文から、泉がもどったのは、美空がもどってくる一時間前だとわかります。

⑥ イ

解説

美空は、「初めてにしては上出来！」（32ページ19行目）と、最初は満足していますが、「それからあとの写真は、すべてぼやけています」（33ページ3・4行目）とあり、後半の撮影は失敗していたことがわかります。

言葉の問題にチャレンジ！

Ⓓ イ
Ⓔ ア
Ⓕ ア

解説

「たずさえる」は「手に持つ。身につけて持つ」、「肝に銘じる」は「忘れないように心に強く刻む」、「報い」は「自分がした行動の結果として自分にはね返ってくること。お返し」という意味です。

言葉の学習

お話に出てきた言葉の意味を確かめましょう。

ほおづえ……ひじを立てて、手のひらでほおを支えること。

水に流す……過去のもめごとなどを、なかったことにする。

理科の解説

水は、こおって氷になったり、熱せられて「水蒸気」という目に見えない姿に変わったりします。

お話の中で、炎のペットボトルが水でぬれてしまったのは、こおったペットボトルの冷気で空気中の水蒸気が冷やされ、水になったからです。美空のカメラのレンズにも、同じことが起きました。気温が下がったためにレンズが冷やされ、空気中の水蒸気が水に変わりレンズについたので、写真がぼやけてしまったのです。

こたえと解説

美空は気象予報士？ 34・35ページ
オスメスどっち？ 36・37ページ

【34・35ページ】

① 自然現象

解説 森さんは、34ページ5行目で「昔は自然現象から天気を予想していたんだよ」と言っています。

② ア

解説 34ページ7行目に、「今日は青空だから、きっと一日晴れだよね」という発言があります。みんなは、美空の「雨が降るかも」という予想が信じられなかったので笑ったのです。

③ 入道雲

解説 美空の「きっと夕立が来るよ」（35ページ2行目）の言葉の前を読んでみましょう。美空が入道雲を見たことが書いてあります。

Ⓐ ウ　Ⓑ ウ　Ⓒ ア

言葉の学習

お話に出てきた言葉の意味を確かめましょう。

伝承……人から人へ言い伝えられてきたこと。

傾向……ものごとの状態や性質がある方向へかたむくこと。かたより。

理科の解説

空の状態や動物の行動などから、天気を予想する方法を「観天望気」といいます。観天望気には、お話に出てきたもの以外にも、「ツバメが低く飛ぶと雨が降る」「クモの巣に露がつくと晴れる」などがあります。

【36・37ページ】

① 集まる・えさ

解説 昆虫採集のために、炎がしていたことは、36ページ2・3行目に書かれています。

② オス

解説 セミの「腹弁」については、36ページ15・16行目で、炎がみんなに説明しています。

③  ウ

解説 白い羽のセミについて書かれているところを読みましょう。37ページ16・17行目で、炎が「今日羽化したばかりで、羽をかわかしている途中」と話しています。

Ⓐ ウ　Ⓑ ウ　Ⓒ ア

言葉の学習

お話に出てきた言葉の意味を確かめましょう。

対象……働きかけの目標や、目当てとなるもの。

精通……あることについて、くわしく知っていること。

理科の解説

セミは、おなかやおしりの部分に、オスとメスとでちがいがあります。メスのおしりには卵を産むための「産卵管」があり、この産卵管を木にさして穴をつくり、そこに卵を産みます。

なぞ09

こたえと解説 夏の太陽にご用心! 38~41ページ

【38・39ページ】

① (外の) 東屋

解説 38ページ2・3行目に「マジッククラブの四人は、外の東屋にいました」とあります。

② イ

解説 38ページ14~16行目の昇の発言をよく読みましょう。体操着を着ていないことについては「水たまりで転んで」よごれてしまったと話していますが、ぼうしについては「部屋に忘れてきちゃって」と話しています。

③ 紫外線・太陽の熱

解説 38ページ17行目~39ページ2行目を読むと、大地が昇にぼうしを取ってくるようにすすめた理由がわかります。

言葉の問題にチャレンジ!

Ⓐ ア
Ⓑ ア
Ⓒ イ

言葉の学習 お話に出てきた言葉の意味を確かめましょう。

要領……ものごとの大切なところ。ものごとを上手に処理する方法。こつ。
有害……害があること。

【40・41ページ】

④ いいえ

解説 40ページ2行目の炎の発言から、休けいせずに走りまわっている下級生がいることがわかります。

⑤ 真っ赤・あせ

解説 昇が東屋に連れてこられたときの様子は、40ページ7・8行目にあります。

⑥ 休けいを取らなかったから。
黒いシャツを着ていたから。
※順番がちがっていても、内容が合っていれば正解です。

解説 ふえおにをしていた子の「どうして昇くんだけ熱中症になったのかなぁ?」(41ページ11行目)という疑問のあとの文をよく読みましょう。

言葉の問題にチャレンジ!

Ⓓ ウ
Ⓔ ウ
Ⓕ イ

解説 「かいがいしい」は「てきぱきと手際がよい様子。仕事をする動作に心がこもっている様子」、「朗報」は「よい知らせ」、「てきめん」は「効き目がすぐに現れること、またその様子」という意味です。

言葉の学習 お話に出てきた言葉の意味を確かめましょう。

安否……無事かどうかということ。
ややもすると……どうかすると。ともすれば。
けがの功名……失敗やまちがいなどからぐうぜんによい結果が生まれること。
病み上がり……病気が治ったばかりの状態。

理科の解説

日差しが直接当たってあたたまることを「放射」といい、色によって、あたたまり方はちがいます。黒色があたたまりやすいのは、光を吸収するためです。逆に、白色は光を反射するので、あたたまりにくいといえます。そのため、ぼうしをかぶらず黒い髪をさらし、黒いシャツを着ていた昇がたくさんの光を吸収したので、熱中症になってしまったのです。

なぞ10 こたえと解説

きも試しでゆうれいさわぎ!?

42〜45ページ

【42・43ページ】

① 遠い平原に、熱気球がうかんで見える景色

※内容が合っていれば正解です。

解説 「窓から見える牧歌的な景色に、みんなくぎづけです」(42ページ3行目)より前を読むと、どんな景色か具体的に書いてあります。

② あたたかい空気は軽くなるから。

※内容が合っていれば正解です。

解説 気球がどうしてうかぶかは、42ページ6・7行目で大地と美空が説明しています。

③ ア

解説 「証明書」について書かれているところを探しましょう。42ページ16行目〜43ページ1行目に「近くのお寺まで行き、係の人に『証明書』をもらってもどってくる」とあります。

言葉の問題にチャレンジ！

Ⓐ ウ
Ⓑ イ
Ⓒ ウ

言葉の学習

お話に出てきた言葉の意味を確かめましょう。

万が一……めったにないが、まれに起こること。もしも。

奮起……元気を出すこと。心が勢いづくこと。

【44・45ページ】

④ ア

解説 子どもたちが「ゆ、ゆうれいが出たぁ！」(44ページ3行目)とあえぎながら走ってきたことから、ゆうれいが出たと思ったことがわかります。

⑤ (向かい)風・白いもの〔スーパーのビニールぶくろ〕

解説 炎が「ギャーッ、何!?」(44ページ20行目)とさけんだ前後をよく読んで、状況を整理しましょう。

⑥ スーパーのビニールぶくろ

※内容が合っていれば正解です。

解説 45ページ1〜8行目の美空と大地によるなぞ解きの部分にこたえがあります。

言葉の問題にチャレンジ！

Ⓓ ア
Ⓔ イ
Ⓕ イ

解説 「あえぐ」は「苦しそうな息づかいをする。苦しむ」、「ふんばる」は「足に力を入れて、たおれたりしないようにこらえる。がんばる」、「感化」は「他の人に影響をあたえて、行動や考え方を変えさせること」という意味です。

言葉の学習

お話に出てきた言葉の意味を確かめましょう。

放心……他のことに心をうばわれて、ぼんやりすること。

理性……ものごとを筋道立てて考え、正しく判断する力。

有終の美……ものごとを最後までやりとげ、立派な成果をあげること。

理科の解説

あたためられた空気は、上のほうに移動します。反対に、冷たい空気は下のほうに動きます。これを「対流」といいます。

お話の中で出てきたゆうれいの正体は、ビニールぶくろでした。ビニールぶくろの中の空気が竹キャンドルの火によってあたためられ、上のほうに移動したことにより、うかび上がる力が生まれたのです。

もっと理解を深めよう

なぞ06 水のゆくえ

30～33ページ

冷えたペットボトルをあたたかい部屋の中に置いておくと、表面にたくさんの水滴がつきます。また、寒い冬の日に部屋をあたたかくすると、窓ガラスの内側に水滴がつきます。これらの水滴は、空気中の目に見えない水（**水蒸気**）が変化してできたものです。

空気中には、水が目に見えない状態（水蒸気）でふくまれています。空気中にふくむことができる水蒸気の量は、気温が高いほど多くなり、気温が低くなるほど、少なくなります。冷えたペットボトルを部屋に置いておくと、ペットボトルの周りの空気が冷やされ、ふくむことができる水蒸気の量が少なくなります。すると、水蒸気でいられなくなった余分な水が、水滴となってペットボトルの表面につくのです。窓ガラスに水滴がつくのも、同じ理由です。

空気中の水蒸気は、ときには雨や雪となって、地上に降り注ぎます。地上に降った水は、川を流れて海に注ぎこみ、また水蒸気となって空気中にただよいます。このように、水は氷⬍水⬍水蒸気と姿を変えながら、地球をめぐっています。

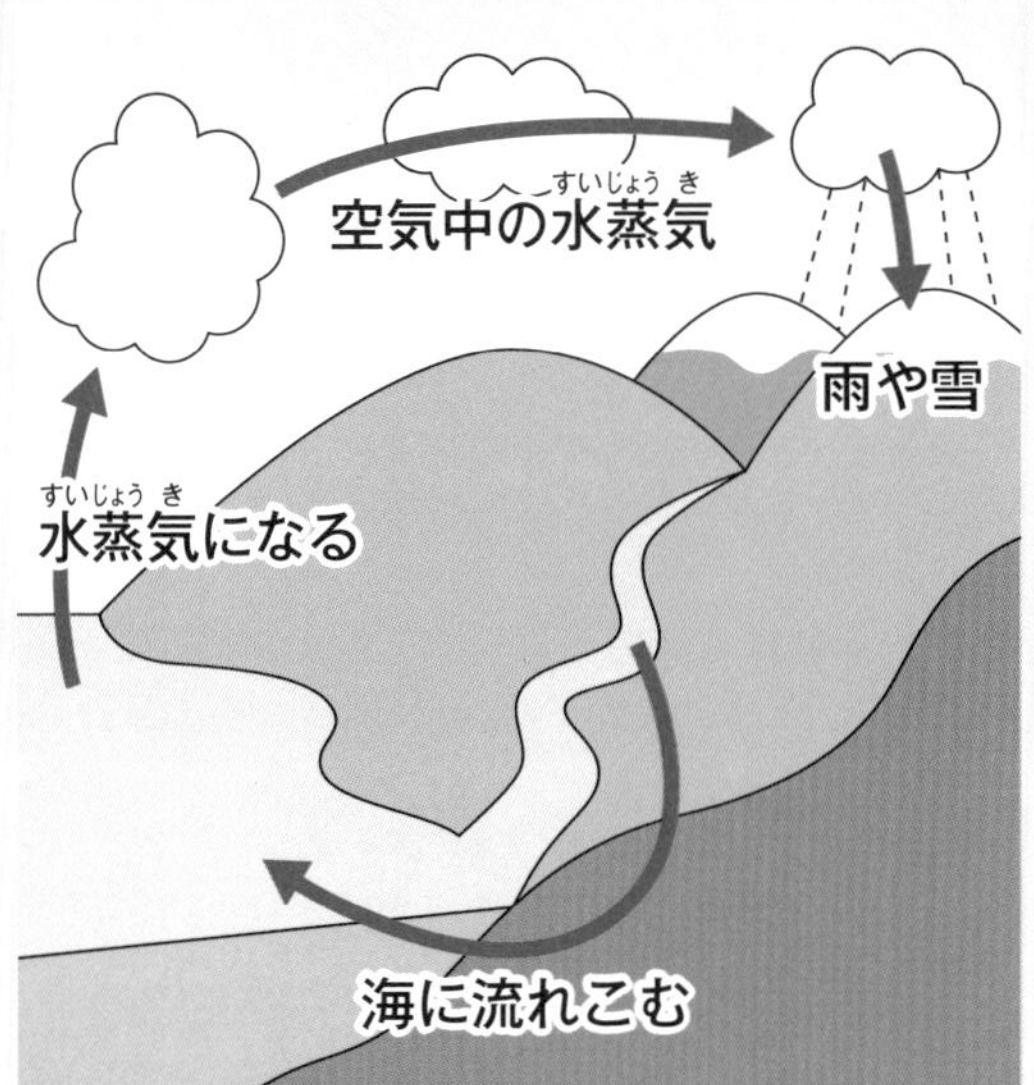

なぞ10 空気のあたたまり方

42～45ページ

ストーブなどで部屋をあたためたとき、高い場所はあたたまるのに、低い場所はあまりあたたまらなかったということはありませんか。一体なぜ、部屋の上と下とで温度がちがうのでしょうか。

あたためられた空気は、冷たい空気よりも軽くなります。すると、あたためられて軽くなった空気が高い場所へとのぼるため、高い場所ばかりがあたたかくなるのです。

このように、温度のちがいによって空気などが移動することを、**対流**といいます。水にも同じ性質があり、おふろをわかしたとき、上のほうが熱いのに、下のほうが冷たいことがあるのも、水の対流が原因です。

あたためられた空気が軽くなるという性質を利用したものに、熱気球があります。熱気球は、あたためて軽くなった空気を気球に閉じこめて、空に上ります。

おさらい！理科クイズ

あたたまった空気は、どのようになるでしょう？

1 あたためられても、移動することはない。

2 重くなって、低い場所へと下がる。

3 軽くなって、高い場所へと上る。

← こたえは72ページ

28ページのこたえ 3
酸性の水溶液は、青色リトマス紙を赤色にします。

3章 なんでも探偵事務所におまかせ！

登場人物紹介

理子

いつも元気な小学5年生の女の子。令のふたごの姉。ひらめきと推理力で、探偵の柚樹叔父さんのなぞ解きを手伝う。実は苦手なものが2つあり……。

令

理子のふたごの弟。虫にくわしい「虫博士」。ものごとを冷静に観察する力があり、理子とともになぞ解きをして事件を解決に導く。

柚樹叔父さん

理子と令の叔父。「なんでも探偵事務所」を開き、探偵業を行っている。なぞ解きの依頼が少ないことを理子と令に心配されるが、探偵としてのうでは本物。

なぞ11 逆走するミニモーターカー

ここはオンボロビルの二階にある『なんでも探偵事務所』。五年生のふたご、理子と令の叔父さんは、どんななぞも解決する探偵なのです。

「……㋐それにしてもひまだね。Ⓐ**閑古鳥が鳴いて**いるよ。ここへ来てから三日たつけれど、まだひとりも依頼者が来ないんだもん。こんな調子で**生計**は成り立つのかな。事務所の存続はⒷ**風前のともし火**なんじゃない？」

理子は、窓辺の長いすにこしかけて推理小説を読んでいる柚樹叔父さんを見ながら、弟の令に言いました。ふたりは夏休みの間、この事務所兼住まいで叔父さんと過ごすことになっているのです。

「理子は**ネガティブ**だなぁ。大丈夫だよ。昨日も換気扇の修理をたのまれていたし。」

「令は**ポジティブ**だね。なぞ解きとは関係ない仕事でしょ、それ。」

理子と令の話を聞いていた叔父さんが笑って言いました。

「そうでもないぞ。こわれた換気扇からはカタカタという奇妙な音が聞こえていた。

学習日

／

① ―㋐理子が、ひまだと考えている理由はなんですか。合うものを選んで記号に○をつけましょう。

㋐ 叔父さんが推理小説を読んでいるから。

㋑ 探偵事務所に依頼者が来ないから。

② 窓辺の長いすにこしをかけているのはだれですか。合うものを選んで記号に○をつけましょう。

㋐ 理子

㋑ 令

㋒ 柚樹叔父さん

③ 昨日、叔父さんがたのまれたのは、どんな仕事ですか。合うほうに○をつけましょう。

なぞ解きの仕事 ・ なぞ解きとは関係ない仕事

外の地面を調べると、小枝やかれ草が落ちている。この音の正体を推理してごらん。」

「ええ？　どういうこと？　さっぱりわからないよ。」

理子は早々に©**さじを投げ**ます。すると、令が言いました。

「換気扇に鳥が入りこんで、巣をつくっていたんじゃないかな？」

「そうか！　だから地面に巣の材料の小枝やかれ草が落ちていたんだ！」

ふたりがこたえを導き出すと、叔父さんがほほえんでうなずきます。

「その通り。ほら、なぞはあらゆるところにひそんでいるだろう？」

そのとき、ピンポーンと事務所のインターホンが鳴りました。

「お？　もしかして、依頼者かな？」

叔父さんがいそいそと玄関のドアを開けると、気難しそうな白髪のおばあさんが立っていました。うで組みをし、口をへの字にまげています。

「探偵さん。家賃の支払いが**滞って**いるよ。すぐに払っておくれ。」

叔父さんが、あわてたように言いました。

「す、すみません、大家さん。家賃は必ずお支払いしますから。」

理子と令は顔を見合わせ、「やっぱりねぇ。」と、ため息をつきます。

大家さんが**きびすを返して**帰ると、叔父さんが**打ちひしがれて**言いました。

「ああ、困ったな……。あれ？　大家さんが、老眼鏡を置き忘れていったよ。顔を合わせづらいから、かわりに届けてきてくれないか？」

ふたりは階段を下り、一階にある大家さんの部屋を訪ねました。

言葉の問題にチャレンジ！

次の言葉の意味に合うものを選び、記号に○をつけましょう。

Ⓐ 閑古鳥が鳴く

ア カラスがばかにしたように鳴く様子。
イ 小鳥がおしゃべりする様子。
ウ 店などに客が来ず、ひまな様子。

Ⓑ 風前のともし火

ア 危険がせまっていて、今にもだめになりそうなこと。
イ 火の勢いが風にあおられて激しくなること。
ウ 心の中に小さな希望が芽生えること。

Ⓒ さじを投げる

ア 不思議に思って考えこむこと。
イ 結果はどうあれ、いっしょうけんめいがんばること。
ウ 解決の見こみがなく、あきらめること。

← こたえは68ページ

「ねえ、令。大家さんに、探偵事務所の経営が**火の車**なんですって事情を話して**嘆願**すれば、Ⓓ**ほだされて**支払いを待ってくれるんじゃない？」

「大家さんは探偵っていう仕事を**色眼鏡**で見ているから、難しいかも。」

ドアが開き、現れた大家さんの後ろから、子どもの泣き声が聞こえます。

「おばあちゃんが買ってくれたミニモーターカーのせいで、みんなに笑われちゃったじゃん！　レースがスタートしたとたん、ぼくのミニモーターカーだけ後ろに向かって走りだしたんだよ！」

時々ひとりで遊びにきている大家さんの孫、翼です。

「ごめんね、翼ちゃん。おもちゃ屋さんで買ったときには、ちゃんと前へ走っていたんだよ。レースの前に、新しい電池を入れ直したのにねぇ。」

大家さんは孫に泣かれておろおろしています。

「反対に走りだしたミニモーターカーかぁ。理由はなんだろうね。」

理子は首をかしげました。どうやら、ここにもなぞがあるようです。

令が「そのミニモーターカー、ちょっと見せてもらえますか？」と言うと、大家さんが、新品の赤いミニモーターカーを令に手わたします。

理子がミニモーターカーをのぞきこんで言いました。

「理由がわかるのかい？　前に走るように直せるかねぇ？」

「Ⓔ**酷使**してこわれたわけでもなさそうだよね。」

「ぼくのおもちゃの電車も、電池を入れかえたとたん、逆に走りだしたことがあるんだ。電池の入れ方をまちがったんじゃないかな。」

4 大家さんの孫の翼が泣いていたのはなぜですか。□に当てはまる言葉を文章中から探して書きましょう。

ミニモーターカーが［　　　］に向かって走りだして、［　　　］に笑われたから。

5 大家さんは翼が泣いているのを見て、どのような様子でしたか。合うものを選んで記号に○をつけましょう。

ア　うるさく思い、いらだっている。

イ　すまないと思い、困っている。

ウ　わがままだと思い、おこっている。

6 ミニモーターカーはなぜ逆走したのですか。□に当てはまる言葉を文章中から探して書きましょう。

電池を［　　　］から。

今は翼のミニモーターカーから、電池を取り出します。

理子も、大家さんに返した老眼鏡が、玄関先の棚に置かれたままなのを見て、真相に気づきました。

「大家さん。電池を入れ直したとき、老眼鏡をかけていましたか？」

「いや、かけていなかったよ。つい置き忘れてしまってねぇ。」

大家さんのこたえを聞き、ふたりはうなずき合いました。

大家さんは、老眼鏡をかけていなかったため、プラス極とマイナス極のマークがはっきり見えず、電池を反対向きにセットしていたのです。

「乾電池の向きが逆になったので、電流の流れが反対向きに変わり、モーターのまわる向きも反対になって、ミニモーターカーは逆走したんです。」

今が大家さんに、Ⓕ**理路整然**と理由を説明します。電池の向きを逆にして入れ直すと、ミニモーターカーは勢いよく前へ走りだしました。

「ありがとうね。助かったよ。」

大家さんはほっとしたように言いました。なぞを解決したことにめんじて、家賃の支払いを待ってくれるそうです。

「ありがとう。すごいぞ。君たちは優秀な探偵キッズだな！」

ふたりの活やくを聞いた叔父さんは、感心して言いました。

言葉の問題にチャレンジ！

次の言葉を正しい意味で使っている文を選び、記号に○をつけましょう。

Ⓓ ほだされる

ア 仕事があたえられず、ほだされた。

イ 彼は約束をほだされた。

ウ 彼女の健気な様子にほだされる。

Ⓔ 酷使

ア ロボットを酷使したらこわれてしまった。

イ 彼女は先生の酷使としてやってきた。

ウ はり紙をして、みんなに酷使する。

Ⓕ 理路整然

ア 警察官が道路を理路整然している。

イ 彼の部屋は理路整然だ。

ウ 彼女の説明はいつも理路整然としている。

← こたえは68ページ

なぞ

12 欠け落ちた文字

「ねえ見て！　きれいでしょ？　近所の人が花をくれたんだよ！」

朝早く起きて近所を散歩していた理子が、ごきげんで事務所に帰ってきました。手には、あざやかなピンク色のバラを持っています。

「大きなお庭のある家だよ。バラを無農薬栽培しているんだって。ちゃんと手入れにⒶ**いそしむ**と、夏でもさくんだって言っていたよ。」

理子は花びんがわりのペットボトルに水を入れ、バラの花をさしました。新聞を読んでいた柚樹叔父さんが顔を上げ、バラを見て言います。

「ん？　葉っぱがぼろぼろだな。」

「あれ？　ほんとだ。でも、すごくいいかおりがするんだよ。」

花に顔を近づけ、間近からにおいをかいでいた理子が、「ぎゃあっ！」と悲鳴を上げました。

「枝かと思ったら変なムシだ！」

部屋のすみまでにげた理子を見て、叔父さんが笑いをこらえます。

「無農薬で育てるバラには、虫がつきやすいからなぁ。」

今がテーブルの上に身を乗り出し、指先で虫にふれて言いました。

「シャクガの幼虫だ。たしかに、奇妙な姿だけど、そんなにきらっちゃかわいそうだよ。**一寸の虫にも五分の魂**っていうじゃん。」

学習日　／

① 理子が近所の人にもらったのは、どんな花ですか。合うものを選んで記号に○をつけましょう。

ア 農薬栽培した、ピンク色のバラ

イ すごくいいかおりのするバラ

ウ 虫のつかないバラ

② 理子が花びんのかわりにしたものはなんですか。文章中から探して六文字で書きましょう。

□□□□□□

③ アゲハチョウの幼虫には、鳥におそわれないようにどんな模様がついていますか。□に当てはまる言葉を文章中から探して四文字で書きましょう。

□□□□のような模様

欠け落ちた文字

理子は虫が大の苦手ですが、令は昆虫博士をⒷ**自負**しています。

「生きのびるために、別のものに姿を似せることを、『擬態』っていうんだよ。枝をⒸ**模倣**するナナフシとか、葉っぱに似た姿でえものを待ちぶせするカマキリとか。アゲハチョウの幼虫は、鳥におそわれないように、鳥の天敵であるヘビの目のような模様をつけているんだ。それに、魚のカレイやヒラメも擬態する。海底の砂そっくりに体の色を変えてね。」

「擬態がすごいことはわかったよ。でも、イモムシは絶対にいやだぁ！」

しばらくすると、電話が鳴り、スピーカーから理子と令のお母さんの声が流れてきました。事務所の電話はハンズフリーで、受話器を上げなくとも会話ができるようになっているのです。

「ねえ、柚樹！　早急に解決したいことがあるの！　知恵を貸して！」

理子と令がおどろいて顔を見合わせます。理子がお母さんに聞きました。

「お母さん、おはよう。今日はどこで仕事をしているの？」

お母さんはイベント会社で働いていて、毎日仕事に追われています。最近課長に**ばってき**されて、ますます仕事がいそがしいので、理子と令はこうして叔父さんの家で夏休みを過ごすことになったのでした。

言葉の意味の問題にチャレンジ！

次の言葉の意味に合うものを選び、記号に○をつけましょう。

Ⓐ **いそしむ**
- ア 急いで行う。
- イ いっしょうけんめい取り組む。
- ウ あわてて行う。

Ⓑ **自負**
- ア 負けたと思うこと。
- イ 名乗ること。
- ウ 自分の力を信じて、ほこりに思うこと。

Ⓒ **模倣**
- ア 真似をすること。似せること。
- イ 手本になるような立派なもの。
- ウ 変化させること。

← こたえは69ページ

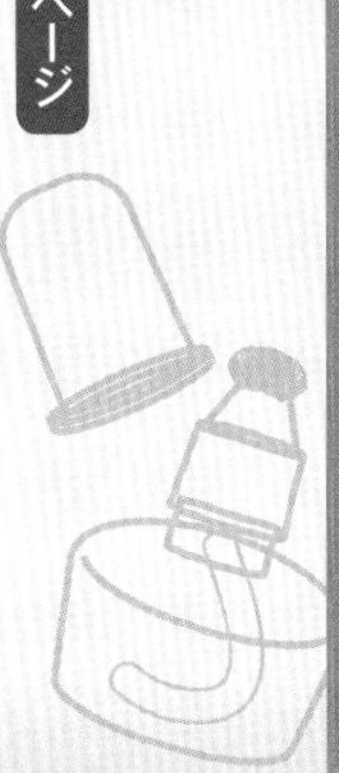

「理子ね？　おはよう。令もおはよう！　今はN県の秋保高原にいるわ。今日はうちの会社が企画した、秋保高原祭があるの。たった今、車で会場に着いたところ。森の中の特設ステージよ。柚樹、そこにいる？」

「いるよ、姉さん。ずいぶんあわてているようだけど、何か事件？」

「大事件よ。会場前に設置したイベントの看板が、一晩でおかしなことになってしまったの。文字が欠け落ちたのよ。写真を送るから見て。」

叔父さんのパソコンに、お母さんから写真が送られてきます。理子と令は、叔父さんの肩ごしにパソコンの画面をのぞきこみました。

お母さんがたった今撮影したという写真には、地上から二メートルほど高い位置に横長の看板が写っています。看板は樹木を近くから写した写真で、そこに白色の文字でこう書かれているのです。

【ようこ、あほ】

理子はプッとふき出しました。令は「変な看板だなぁ。」とおどろいてⒹ**まじまじ**と写真を見つめますが、電話の向こうのお母さんは真剣です。

「昨夜からイベント会場近くのホテルにとまっていたスポンサーの女性が、早朝、この看板を見てかんかんにおこっちゃったのよ。よりによって、この一番の**支持**者の名前が『陽子』さんなの。どう**弁明**したらいいのか。」

「そりゃ、おこるよねぇ……。」

理子が言うと、お母さんは途方に暮れたようにため息をつきました。

「昨夜まではたしかに【ようこそ、あきほへ】という看板だったのよ。もしかして、いやがらせ？　ライバル会社がわが社をⒺ**陥れ**ようとしたの？　ね

4 柚樹叔父さんが「姉さん」と呼んでいるのは、だれのことですか。合うものを選んで記号に○をつけましょう。

ア 理子と令のお母さん

イ 理子と令の叔母さん

ウ 陽子さん

5 ―あ柚樹叔父さんが「森に多くいる変装名人」と表現したのは、なんのことですか。□に当てはまる言葉を文章中から探して書きましょう。

□ そっくりの □ を持つ大きなシャクガ

6 シャクガがとまっていたのは、看板のどの文字の上でしたか。合うものを三つ選んで、○をつけましょう。

よ・う・こ・そ・あ・き・ほ・へ

え、**三人寄れば文殊の知恵**っていうじゃない？　みんなでなぞを解いてよ。」

叔父さんは、パソコンの中の写真を拡大して観察すると言いました。

「なるほど。悪さをしたやつらがいたんだな。（あ）森に多くいる変装名人だ。」

「変装名人？　Ⓕ**意味深長**なことを言うじゃない。どうすればいいの？」

「脚立を持ってきて、やつらを追いはらえばすぐに解決するさ。」

叔父さんとお母さんの会話を聞いた令が「あっ、そうか。たしかに、森の変装名人の仕業だね！」と声を上げました。

「お母さん、脚立で看板に近づいてよく見てみて。『こ』と『、』の間と、『あ』と『ほ』の間、『ほ』の後ろが一文字分ずつ空いているでしょ？　そこに木はだそっくりの羽を持つ大きなシャクガが何びきもとまって文字をかくしているんだ。それで、文字が消えたように見えたんだよ。」

スピーカーから、「本当だわ！　ぎゃあっ！　飛んだ！」と、お母さんの悲鳴が聞こえます。今はやれやれとため息をつき、

「理子の虫ぎらいはお母さんゆずりだね。」

と、あきれたように言いました。

言葉の問題にチャレンジ！

次の言葉を正しい意味で使っている文を選び、記号に○をつけましょう。

Ⓓ まじまじ

ア 力の差をまじまじと知らされた。

イ 先生はまじまじと努力する生徒をほめた。

ウ 彼女はおどろいて、彼の顔をまじまじと見た。

Ⓔ 陥れる

ア 彼は妹をだまして、ピンチに陥れた。

イ わたしは不用品をごみ箱に陥れた。

ウ マンモスは巨大な足で小さな生き物をふみ陥れた。

Ⓕ 意味深長

ア 彼の考えはいつも浅く、発言は意味深長で軽々しい。

イ 父からのメッセージは意味深長だった。

ウ その池は意味深長で測れない。

← こたえは69ページ

なぞ13

よみがえるモンスター

学習日　／

今日は、叔父さんがふたりを車で遊びに連れていってくれる日です。ところが、オンボロ車なので、なかなかエンジンがかかりません。

「復活の呪文を唱えるとよみがえるんだ。さあ、エンジンよ、動きだせ！」

ハンドルをにぎる叔父さんの言葉で、車はスムーズに走りだしました。

「ぐうぜんでしょ。叔父さんは魔法使いじゃなくて探偵だもん。」

理子の**身もふたもない**言い方に、叔父さんが苦笑します。

「外見だけじゃわからないことだってある。オレはⒶ**ものぐさ**な探偵のふりをした魔法使いかもしれないぞ。ほら、見てごらん。あそこにも復活の呪文で動きだしたやつらが**ひしめいて**いるぞ。」

映画館の前にはり出された夏のホラー映画のポスターです。

「お墓からよみがえるゾンビなんてⒷ**架空**のお話だもん！」

虫と同じくらいこわい話が苦手な理子が**憤慨**して抗議します。

「(あ)死んだように見えてもよみがえる生き物は、本当にいるんだぞ……。実は、これからそいつらのすみかに行くつもりだ。夏休みの探検だよ。よみがえる生き物の正体を**つまびらか**にするぞ。」

「ええっ！　何それ！」

理子がおどろいて聞くと、叔父さんがわざと低い声で言いました。

1 叔父さんの車のエンジンがすぐかからなかったのはなぜですか。合うものを選んで記号に○をつけましょう。

㋐ 車がオンボロだから。

㋑ 呪文をかけたから。

㋒ 叔父さんがものぐさだから。

2 理子が苦手なものはなんですか。文章中から探してふたつ書きましょう。

3 (あ)叔父さんが話していた、「死んだように見えてもよみがえる生き物」とはなんのことでしたか。文章中から探して六文字で書きましょう。

「体が冷たくなり、息もほとんどしない。じっと目を閉じ、動かないまま何か月もほら穴や川底にひそむ。やがて、やつらは腹をすかせて動きだす。かくれ家からはい出ると、**一心不乱**に食い物を探すんだよ。そんなときにはち合わせすると、おそろしいことが起きる場合もある……。」

すると、令も叔父さんに調子を合わせ、低くささやいて続けます。

「ぼくも知っているよ。よみがえる生き物……。大きいのも、小さいのもいる。成長すると手や足が生えてきたり、逆さまになってねむり、超音波を放って空を飛んだりするのも。すごく力が強くて危険なやつも……。」

「やだぁっ！　よみがえるモンスター、**臨場感**ありすぎるよ！」

ぶるっとふるえる理子に、令が車の窓の外を指さして言いました。

「ほら、もうやつらのすみかに着いちゃった。あきらめるんだね、理子。」

「ええっ？　ここのこと？　動物園じゃない。」

Ⓒ**拍子ぬけ**した理子は、ようやく気がつきました。

「あっ。そうか！　よみがえる生き物って、冬眠する動物のことだね。」

三人は、リスやヘビ、カエル、カメ、コウモリ、クマなどが集められた『冬眠する習性のある動物』ゾーンを、楽しく観察しました。

言葉の問題にチャレンジ！

次の言葉の意味に合うものを選び、記号に○をつけましょう。

Ⓐ **ものぐさ**
- ア 仕事をする力や才能がないこと。
- イ お金がないこと。生活に困っている人。
- ウ めんどうがること。めんどうくさがりな人。

Ⓑ **架空**
- ア 人が考えた、本当ではないことや、実際にそこにはないもの。
- イ 未来のできごと。
- ウ 小説やまんがなどの作品のこと。

Ⓒ **拍子ぬけ**
- ア はりきっていた気持ちがむだになって、気がぬけること。
- イ 規則正しい音の強弱が乱れること。
- ウ 思いがけないことに出あって、びっくりすること。

こたえは70ページ

なぞ14

日の当たる部屋

お昼過ぎ、買い物から帰ってきた三人は、ビルの前で探偵事務所の看板を見ているⒶ**きゃしゃ**な若い女性を見つけました。困っている様子です。

「探偵サンデスカ？　困ッテイルコト、解決シテクレマスカ？」

たどたどしく話す女性は、外国から日本へ来たばかりで、部屋を借りたいと不動産屋を訪れたというのです。

「ワタシ、寒サ苦手。日ガ当タル部屋ガイイト言イマシタ。」

ある部屋に案内されたが、予算より家賃が高くて今日は**折り合い**がつかなかった。Ⓑ**あやふや**な説明をする不動産屋の**人となり**が、なんとなく信じられない。相談する人もおらず、困っている、と女性は話しました。

「よかったらその物件を、いっしょに見にいきましょう。」

叔父さんが女性に言い、みんなで近くにあるアパートへ向かいました。

「二階建テノアパートノ、一階デス。アノ、真ン中ノ部屋デス。」

女性が指さすベランダのある部屋は、南通りに面していて、たしかに日がよく当たっています。叔父さんは向かい側の建物を見上げました。

「三階建ての建物があるな。午後にはあの建物のかげで暗くなりそうだ。**うがった**見方をすると、不動産屋は信用できない気がします。」

学習日　／

① 探偵事務所の看板を見ていたのはどんな人でしたか。合うものを選んで記号に○をつけましょう。

ア　日本語が話せない若い女性

イ　困っている様子の若い女性

ウ　寒いのが苦手な年配の女性

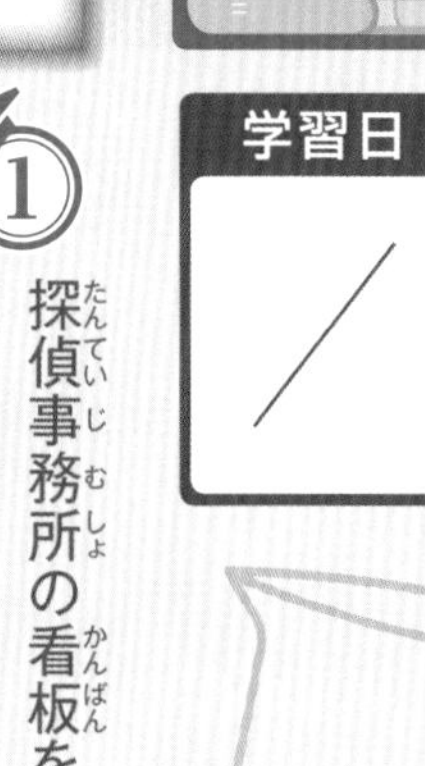

② ――あ叔父さんが女性に、部屋の契約を見合わせたほうがいい、と言ったのはなぜですか。内容に合う文になるよう、当てはまるほうに○をつけましょう。

【夏・冬】には、アパートの部屋が向かいの【二階・三階】建ての建物のかげにすっぽりおおわれてしまうから。

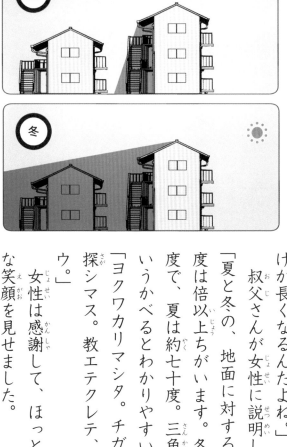

「わたしもそう思う！」と、理子がⒸ**息巻き**ます。女性が言いました。

「前ノ建物ノカゲハ、一日中届カナイト、不動産屋サンハ言イマス。」

「今の季節はそうかもしれません。でも、その不動産屋は季節によってかげの長さがちがうことを**あいまい**にし、あなたを**あざむいて**いるようです。ふたつの建物の距離がこの程度しかないと、冬には向かい側の建物のかげにすっぽりおおわれますよ。Ⓐ契約は**見合わせた**ほうがいいと思います。」

令は、太陽の位置とかげの関係を思い出して言いました。

「太陽が高い位置にある昼間と低い位置にある夕方では、夕方のほうがかげが長くなるし、同じように、高い位置から光が差す夏の太陽とななめから光が差す冬の太陽でも、かげの長さにちがいが出て、冬のほうがかげが長くなるんだよね。」

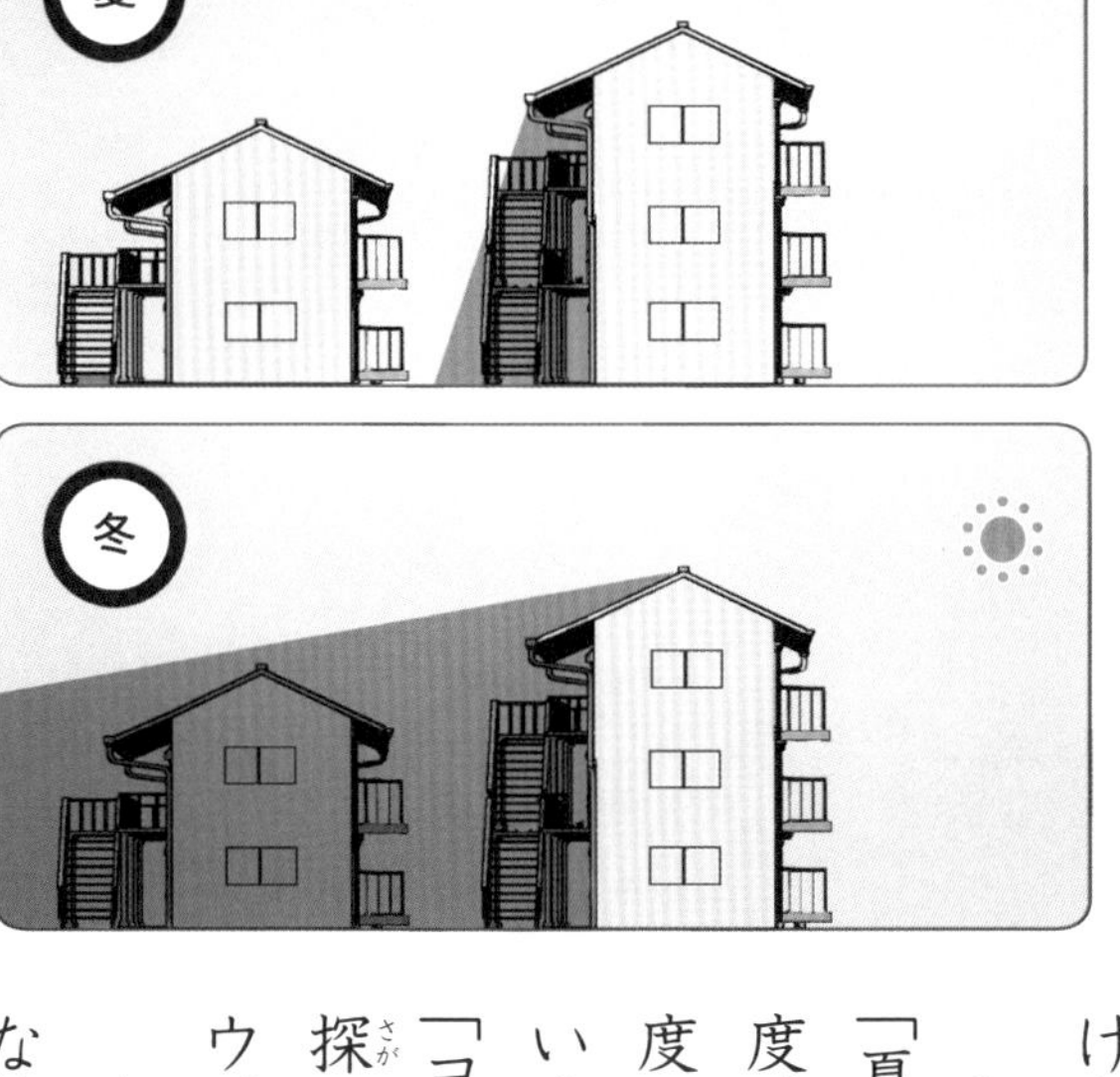

叔父さんが女性に説明します。

「夏と冬の、地面に対する太陽の角度は倍以上ちがいます。冬は約三十度で、夏は約七十度。三角定規を思いうかべるとわかりやすいですね。」

「ヨクワカリマシタ。チガウ部屋ヲ探シマス。教エテクレテ、アリガトウ。」

女性は感謝して、ほっとしたような笑顔を見せました。

言葉の問題にチャレンジ！

次の言葉の意味に合うものを選び、記号に○をつけましょう。

Ⓐ **きゃしゃ**
- ア 弱みを見せまいとして、強がっている様子。
- イ 気おくれすることがない様子。えんりょすることがない様子。
- ウ ほっそりとして、いかにも弱そうな様子。

Ⓑ **あやふや**
- ア あまり話さない様子。
- イ 軽々しく、よく話す様子。
- ウ たしかでなく、はっきりしない様子。

Ⓒ **息巻く**
- ア おどろいて息を止める。
- イ 息をあらくして言いたてる。
- ウ 今にも息が止まりそうな様子になる。

こたえは70ページ

なぞ15

鳴らないオルゴール

「はぁ。なかなか仕事の依頼が来ないねぇ。」

「叔父さんはうでのいい探偵だけど、**謙虚**で宣伝が下手なんだよね……。」

理子と令が探偵事務所の客入りを心配していると、インターホンが鳴りました。「今度こそ依頼者かな？」と理子が期待しながら玄関のドアを開けると、Ⓐ**あかぬけた**服装の裕福そうな中年の男性が立っていました。

「こちらは、どんななぞでも解いてくれるという探偵事務所ですか？」

「はい！　ここを選んでくださるとは、Ⓑ**お目が高い**ですね！」

理子が男性を事務所の中へ通し、令が叔父さんを呼びます。

「叔父さん！　お客様だよ！」

キッチンの水もれを直していた叔父さんがあわてて顔を上げると、男性が言いました。

「考えごとをしながら歩いていたら、ここの看板を見つけて。」

男性の依頼内容は、『家を出ていってしまった妻が残していったオルゴールを鳴らしてほしい』というものでした。

「おはずかしい話ですが、ここ最近、わたしと妻の仲は**険悪**でした。二週間ほど前、妻がこのオルゴールをわたしにわたして、理由は言わずに屋

学習日　／

①　理子と令が心配しているのはどんなことですか。合うものを選んで記号に○をつけましょう。

ア　探偵事務所の収入を計算できないこと。

イ　探偵事務所に依頼者がなかなか来ないこと。

ウ　なぞを解くこと。

②　探偵事務所に男性の依頼者がやってきたとき、叔父さんは何をしていましたか。□に当てはまる言葉を文章中から探して書きましょう。

［　　　　］を直していた。

③　叔父さんの探偵事務所に依頼者がやってきたのはなぜですか。合うほうに○をつけましょう。

・うでがいい探偵だから

・看板を見たから

敷から出ていってしまったのです。何かのメッセージかもしれませんが、いくら考えてもこたえを導き出せず、妻に連絡してもⓒ**なしのつぶて**で……。」

男性は叔父さんの向かい側に座り、間にあるテーブルに箱型のオルゴールを置きました。繊細な木ぼりの模様がある美しいオルゴールです。

男性がオルゴールのふたを開けると、中は宝石入れになっていて、クッションの中央の切れこみには大きな赤い宝石が収められていました。

「わぁ……！　きれい！　これ、たしか、ルビーだよね？」

理子が叔父さんの後ろからオルゴールをのぞき、令にささやきます。

叔父さんは、箱を手に取り、すみずみまで見て男性に言いました。

「このオルゴールは、もともとは鳴っていたのですよね？」

「はい。妻はオルゴール作家で、これは特に大切にしていた作品です。ふたを開け、音色に耳をかたむけていたのを、何度も見かけています。」

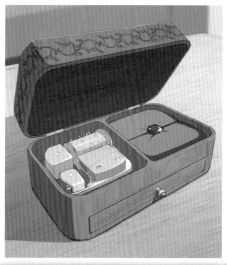

「ここに入っている電池は新しく、プラス極とマイナス極を逆につないでいるわけでもありません。ただスイッチが見当たらないのが奇妙ですね。」

「そうなのです。妻はどうやってこのオルゴールを鳴らしていたのか。」

叔父さんは、考えこむように箱の中のルビーを見つめて聞きました。

「このルビーには、何か特別な思い出があるのでしょうか。」

言葉の問題にチャレンジ！

次の言葉の意味に合うものを選び、記号に○をつけましょう。

Ⓐ あかぬける

- ㋐ つり合いが取れない。
- ㋑ ぜいたくで、派手である。
- ㋒ 姿や動作などがすっきりしていて美しい。

Ⓑ 目が高い

- ㋐ よいものを見分ける能力がある。
- ㋑ まぶしくて見えなくなる。
- ㋒ 気がつくのが早い。めざとい。

Ⓒ なしのつぶて

- ㋐ ばかにして相手にしないこと。
- ㋑ 連絡しても返事がないこと。
- ㋒ おこって、小言を言うこと。

こたえは71ページ

「わたしが一年前に妻に買いあたえたⒹ**希少**価値の高いルビーですが、妻は指輪にもペンダントにも加工しませんでした。**献身的**で**たしなみ**のあるいい妻でしたが、内心ではわたしへの不満が大きかったのでしょう。」

オルゴールの引き出しには、他にも宝石が入っていました。どれもアクセサリーに加工されてはいません。叔父さんはルビーを取り出してひとまず机の上に置き、クッションの切れ目から中を観察しました。

「ここで、回線が切れています。オルゴールを鳴らすためには、電流を通す別の小さなものを、ここにはめこむ必要があるようです。」

理子は思わず令に聞きました。

「電流を通す他のものって何かな？　別の宝石をはめこむのかな。」

「宝石じゃないと思うよ。だって、石は電流を通さないからね。」

「思い出した！　電流をよく通すのは金属だったよね！」

理子と令のやりとりを聞き、男性は、ハッとしたように言いました。

「金属……。では、これはどうでしょう。実は、宝石にまじって指輪がひとつだけ引き出しに入っていたのです。古い、安物の指輪です。」

男性がポケットから取り出したのは、シンプルな銀の指輪でした。

「きっとそれです！　金属の中で、銀が一番よく電気を通すんです！」

令が声を上げると、叔父さんが男性に言いました。

「その指輪を、ルビーのかわりに、ここにはめこんでみてください。」

男性が銀の指輪をオルゴールにはめこむと、優しいメロディーが流れはじめました。男性は胸打たれた様子でその曲に耳をかたむけています。

4 依頼者の男性は、妻がルビーをアクセサリーに加工しなかったのはどうしてだと考えましたか。合うものを選んで記号に○をつけましょう。

ア　とても高価なルビーだから。

イ　妻が男性に不満を持っていたから。

ウ　献身的だから。

5 オルゴールを鳴らすためには、どんなことが必要ですか。□に当てはまる言葉を文章中から探して書きましょう。

クッションの［　　］に［　　］を通すものを［　　］こと。

6 依頼者の男性の、なぞ解きへのお礼はなんでしたか。文章中から探して五文字で書きましょう。

［　　　　　］

なぞ15 鳴らないオルゴール

「この曲は、わたしが昔、作曲して妻にささげたものです。妻と出会ったとき、わたしは音楽大学の学生でとても貧しく、この銀製の安価な指輪しか買ってやれない、Ⓔ**ふがいない**男でした。生活のために音楽をあきらめ、会社に**勤めて**働き、起業してここまで豊かになったのです。」

叔父さんは男性に向かい、静かな声で言いました。

「奥様には高価な宝石よりも、この銀の指輪が大切だったのでしょう。貧しくともおたがいを思いやっていた日々を思い出してほしい。それが、このオルゴールにこめられたメッセージだったのではないでしょうか。」

男性はうなずきました。

「高価な宝石を買いあたえて妻を悲しませるとは、Ⓕ**本末転倒**ですね。いつのまにか**プライド**や**虚栄**心ばかりにとらわれていたようです。もう一度、あのころの気持ちにもどり、妻と話します。なぞを解いていただき、感謝いたします。」

数日後、探偵事務所の銀行口座に、男性から高額な謝礼のふりこみがありました。『なんでも探偵事務所』初の、大きな仕事になったのです。

言葉の問題にチャレンジ!

次の言葉を正しい意味で使っている文を選び、記号に○をつけましょう。

Ⓓ 希少

ア その宝石は値段が希少で、買えない。

イ その動物はあるジャングルにしか生息せず、希少だ。

ウ 彼は深夜に希少して近所を散歩する。

Ⓔ ふがいない

ア 途中で投げ出すなんて、ふがいない。

イ 彼女の夫はふがいなく、たよりになる。

ウ 兄はふがいなく、いつも努力をしている。

Ⓕ 本末転倒

ア うまくいかずに、彼は本末転倒した。

イ 健康のためにダイエットしたのに、栄養失調になるなんて本末転倒だ。

ウ 物語の最後に本末転倒が待ちかまえていた。

← こたえは71ページ

なぞ11

こたえと解説

逆走するミニモーターカー

52～55ページ

【52・53ページ】

① イ

解説

52ページ3行目の理子の「それにしてもひまだね」という言葉のあとを注意して読みましょう。すぐあとに「閑古鳥が鳴いているよ。ここへ来てから三日たつけれど、まだひとりも依頼者が来ないんだもん」と、ひまな理由が述べられています。「閑古鳥が鳴く」とは、商売がはやらずひまな様子を表す慣用句です。

② ウ

解説

52ページ6・7行目に「窓辺の長いすにこしかけて推理小説を読んでいる柚樹叔父さん」とあります。

③ なぞ解きとは関係ない仕事

解説

52ページ10～13行目の令と理子のやりとりからこたえを導き出しましょう。

言葉の問題にチャレンジ！

Ⓐ ウ

Ⓑ ア

Ⓒ ウ

言葉の学習

お話に出てきた言葉の意味を確かめましょう。

生計……生活をしていくための方法。

ネガティブ……否定的な様子。消極的な様子。

ポジティブ……前向きな様子。積極的な様子。

滞る……ものごとがうまく進まない。つかえる。

きびすを返す……引き返す。あともどりする。

打ちひしがれる……気力や意欲がなくなり、元気をなくす。

【54・55ページ】

④ 後ろ〈反対／逆〉・みんな

解説

54ページの6～8行目の翼の言葉の中に、こたえがあります。

⑤ イ

解説

54ページ10行目で大家さんは「ごめんね、翼ちゃん」と言い、12行目には、「大家さんは孫に泣かれておろおろしています」とあります。「おろおろ」とは、どうしたらよいかわからず困る様子です。

⑥ 反対向きにセットしていた

言葉の問題にチャレンジ！

Ⓓ ウ

Ⓔ ア

Ⓕ ウ

解説

「ほだされる」は「相手の気持ちに心がひきつけられて、自分の意思や考えにない行動を取る」、「酷使」は「手かげんをしないで使うこと」、「理路整然」は「話などの筋道が整っている様子」という意味です。

言葉の学習

お話に出てきた言葉の意味を確かめましょう。

火の車……家計が苦しいこと。貧乏なこと。

嘆願……わけなどを説明して、熱心にお願いすること。

色眼鏡……最初からこうだと思いこんで、ものごとを見ること。かたよった見方。

理科の解説

モーターと乾電池を導線でつなぐと、乾電池からモーターに電流が流れ、モーターがまわります。

電気は、乾電池のプラス極からマイナス極に向かって流れます。そのため、電池の向きを反対にすると電流の流れる向きも反対になります。モーターのまわる方向は電流の向きによって決まるので、電流の向きが反対になれば、モーターがまわる方向も反対に変わります。

こたえと解説

欠け落ちた文字　56〜59ページ

【56・57ページ】

① イ

解説

56ページの3・4行目と9行目に、理子がどんな花をもらったか書いてあります。文章中には「無農薬栽培している」とありますが、選択肢のアには「農薬栽培」とあります。読みまちがいをしないように、細かいところにも注意しましょう。

② ペットボトル

解説

56ページ6行目に「花びんがわりのペットボトル」と書かれています。

③ ヘビの目

解説

57ページ7〜9行目にこたえが書かれています。「アゲハチョウの幼虫」という言葉のあとを注意深く読みましょう。

言葉の問題にチャレンジ！

Ⓐ イ

Ⓑ ウ

Ⓒ ア

言葉の学習

お話に出てきた言葉の意味を確かめましょう。

一寸の虫にも五分の魂……どんなに小さな弱いものにも意地や考えがあるので、軽く見たりばかにしたりしてはいけないというたとえ。

ばってき……多くの人の中から引きぬいて、役目につけること。

【58・59ページ】

④ ア

解説

58ページ4行目の柚樹叔父さんの「いるよ、姉さん」という言葉に注目して、前後の流れをつかみましょう。

⑤ 木はだ・羽

解説

59ページ7行目の「森に多くいる変装名人だ」という言葉のあとをよく読みましょう。樹木の木はだに擬態するシャクガのことを「変装名人」と表現したのです。

⑥ そ・き・へ

解説

看板の文字が「ようこ、あほ」と読めてしまったことから考えましょう。

言葉の問題にチャレンジ！

Ⓓ ウ

Ⓔ ア

Ⓕ イ

解説

「まじまじ」は「じっと見つめる様子」、「陥れる」は「人をだまして苦しい状況に追いこむ」、「意味深長」は「人の言葉などに表面上はわからない別の意味がかくされている様子」という意味です。

言葉の学習

お話に出てきた言葉の意味を確かめましょう。

支持……支えること。意見などに賛成して助けること。

弁明……してしまったことをわかってもらうために説明すること。

三人寄れば文殊の知恵……人が三人集まって相談すれば、よい知恵がわくということ。

理科の解説

生き物には、別の生き物や植物、風景などに擬態して、敵をこうげきしたり、敵から身を守ったりする行動を取るものがいます。

このお話に出てきた生き物以外では、体の色を変えるカメレオンや、かれ葉に似た羽を持つコノハチョウ、アリによく似た姿のアリグモなどがいます。

よみがえるモンスター　60・61ページ
日の当たる部屋　62・63ページ

【60・61ページ】

① ア

解説　60ページ2行目に「オンボロ車なので、なかなかエンジンがかかりません」と書かれています。

② 虫・こわい話

解説　「苦手」という言葉に注目して読むと、60ページ12行目に「虫と同じくらいこわい話が苦手な理子」とあります。理子は、虫もこわい話も苦手とわかります。

③ 冬眠する動物

解説　叔父さんの「死んだように見えてもよみがえる生き物」という言葉は、60ページ13行目に出てきます。お話の流れに注意しながら読むと、61ページ19行目の「そうか！　よみがえる生き物って、冬眠する動物のことだね」という理子の言葉で、その正体がわかります。六文字という文字数もヒントになります。

言葉の問題にチャレンジ！

Ⓐ ウ　Ⓑ ア　Ⓒ ア

言葉の学習

お話に出てきた言葉の意味を確かめましょう。

身もふたもない……ものをはっきり言いすぎて、味わいがない。
ひしめく……多くの人やものがおし合うように集まる。
憤慨……激しくおこること。
つまびらか……くわしい様子。
一心不乱……ひとつのことに気持ちを集中して、他のことに気をとられないこと。
臨場感……実際にそこにいるような感じ。

理科の解説

生き物には、冬眠して冬を越すものがいます。ヘビやカエル、カメなどは「変温動物」といって、気温によって体温が変化します。冬は気温とともに体温が低くなり、活動しにくくなるため、冬眠をするのです。リスやクマなどのほ乳類は変温動物ではありませんが、冬の間は食料をとるのが難しいため、冬眠をします。

【62・63ページ】

① イ

② 冬・三階

解説　63ページ5・6行目に注目しましょう。また、アパートの階数とまちがえないように注意しましょう。

言葉の問題にチャレンジ！

Ⓐ ウ　Ⓑ ウ　Ⓒ イ

言葉の学習

お話に出てきた言葉の意味を確かめましょう。

折り合い……おたがいにゆずり合って意見を同じにすること。
人となり……人柄。その人の性質。
うがつ……ものごとの本質をとらえる。
あいまい……はっきりしない様子。
あざむく……だます。
見合わせる……実行しないで、しばらく様子を見る。

理科の解説

かげは、太陽の高さが高いほど短くなり、低いほど長くなります。太陽の位置は、昼の十二時ごろにもっとも高くなります。一日のうち、時間によって太陽の高さはちがいます。同様に、夏と冬でも昼の十二時ごろの太陽の高さはちがいます。

なぞ15 こたえと解説

鳴らないオルゴール　64～67ページ

【64・65ページ】

① イ

解説 64ページ1～4行目を読むと、理子と令が心配している内容がわかります。

② キッチンの水もれ

解説 依頼者がやってきたときの叔父さんの様子は、64ページ10行目にあります。空らんに合うように書きぬきましょう。

③ 看板を見たから

解説 64ページ12行目で、依頼者の男性が「考えごとをしながら歩いていたら、ここの看板を見つけて」と、探偵事務所にやってきた理由を話しています。

言葉の問題にチャレンジ！

Ⓐ ウ　Ⓑ ア　Ⓒ イ

言葉の学習

お話に出てきた言葉の意味を確かめましょう。

謙虚……ひかえめで、つつしみ深い様子。

険悪……状況が悪くなること。またその様子。

【66・67ページ】

④ イ

解説 66ページ1～3行目に、依頼者の男性が妻の気持ちを想像して話しているところがあります。男性の考えを読み取りましょう。

⑤ 切れ目・電流・はめこむ

解説 オルゴールを鳴らす方法は66ページ7・8行目で推理されています。「ここで、回線が切れています」の「ここで」は、その前に書かれている「クッションの切れ目」を指しています。

⑥ 高額な謝礼

解説 67ページ17～19行目にこたえがあります。「謝礼」はお礼のお金や品物のことです。

言葉の問題にチャレンジ！

Ⓓ イ　Ⓔ ア　Ⓕ イ

解説 「希少」は「めずらしくて数が少ないこと」、「ふがいない」は「情けない。意気地がない」、「本末転倒」は「ものごとの大切な部分とどうでもよい部分が反対になること」という意味です。

言葉の学習

お話に出てきた言葉の意味を確かめましょう。

献身的……人やものごとのためにつくす様子。

たしなみ……礼儀をよく知っていること。芸ごとの心得。趣味。

勤める……会社などに行って働く。

プライド……自分をすぐれていると思う気持ち。自分を大切にする気持ち。ほこり。

虚栄……外見をかざって、自分を実際よりよく見せようとすること。

理科の解説

金属は電気を通します。お話の中で、オルゴールの宝石入れに収められていたのは、ルビーでした。ルビーは石なので、電気を通しません。かわりにはめこんだのは銀の指輪です。銀は金属なので、電気を通します。銀をはめこんだことで回路がつながり、電流が流れ、オルゴールが鳴ったのです。

もっと理解を深めよう

なぞ11 電池とモーターの向き

52〜55ページ

乾電池は、モーターなどをつなげた**回路**に電流を流す道具です。乾電池は、一方のはしは出っぱっていますが、もう一方は出っぱっていません。出っぱっているほうが**プラス極**、出っぱっていないほうが**マイナス極**です。

モーターなどをつなげた回路に乾電池をつなぐと、回路に電流が流れます。このとき、電流は乾電池のプラス極から出て回路の中を流れ、乾電池のマイナス極にもどってきます。乾電池の向きを逆にすると、回路を流れる電流の向きも逆になります。

モーターは、電流を流すと回転する道具です。電流の向きを逆にすると、回転する向きも逆になります。ただ、モーターがついている道具の多くは、モーターだけでなく、中にいろいろな装置が入っているため、乾電池の向きを逆にするとモーターがまわらなかったり、こわれてしまったりすることもあるので、注意しましょう。

なぞ14 太陽とかげ

62・63ページ

ものに太陽の光が当たると、かげができます。このとき、太陽の高さが低いほうがかげは長くなります。朝に東からのぼった太陽は、昼の十二時ごろに南の空でもっとも高くなり、夕方に西にしずみます。朝や夕方は、太陽の高さが低いため、かげは長くなります。一方、昼の十二時ごろは太陽が高いため、かげは短くなります。

昼の十二時ごろの太陽の高さは、季節によって変わります。そのため、十二時ごろのかげの長さも、季節によって変わります。六月の下旬には、太陽の高さはもっとも高くなり、かげは短くなります。この日を、**夏至**といいます。

一方、十二月の下旬には、太陽の高さはもっとも低くなり、かげは長くなります。この日を、**冬至**といいます。

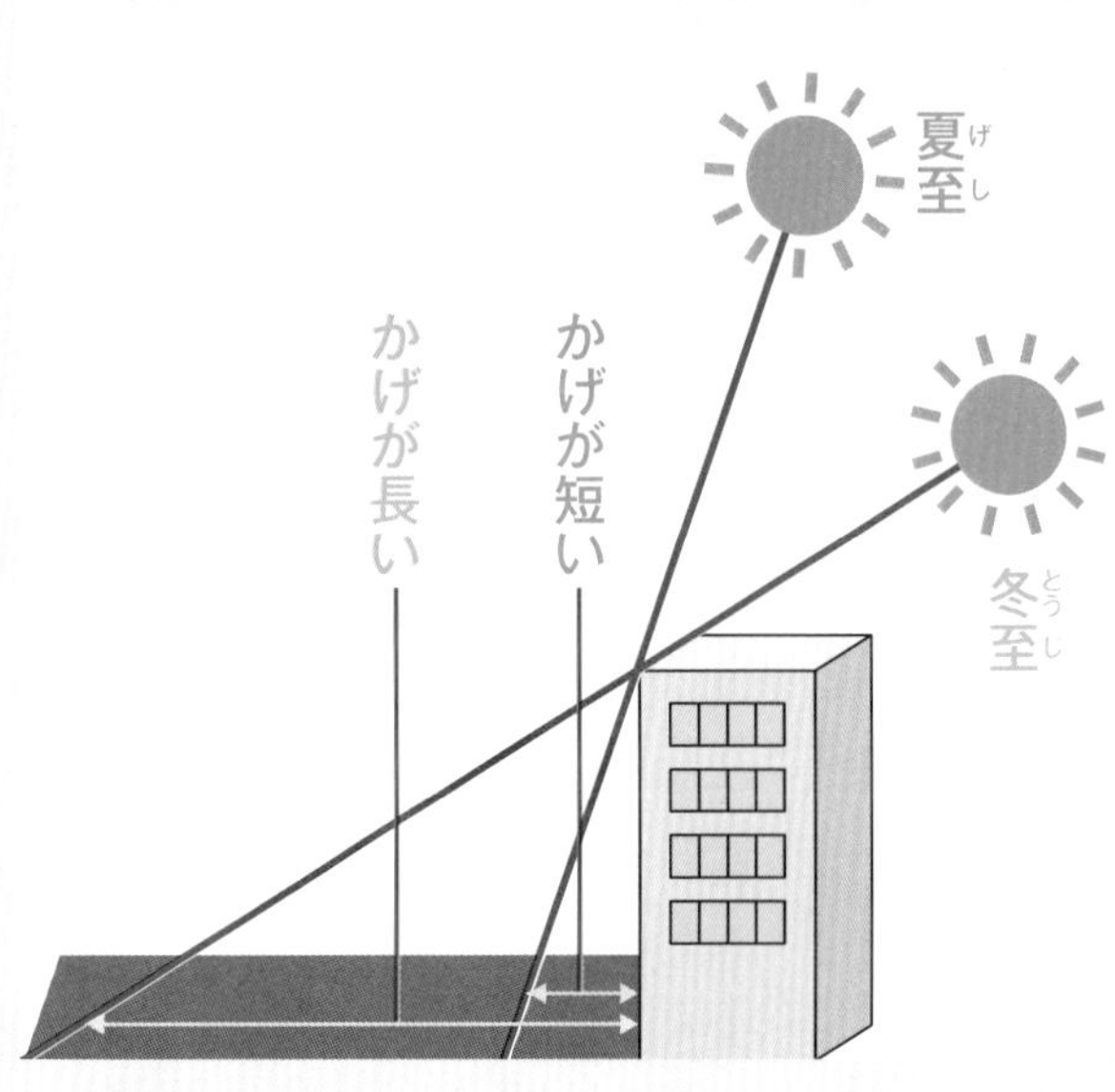

おさらい！理科クイズ

昼の十二時ごろのかげの長さは、季節によってどうちがうでしょう？

1. **冬より夏のほうが長い。**
2. **冬より夏のほうが短い。**
3. **季節によって変わることはない。**

← こたえは94ページ

50ページのこたえ 3

あたたまった空気は、軽くなって高い場所へと上ります。

4章 探偵キッズ、本格事件簿

ひらめきと観察力で、叔父さんとともにさまざまななぞを解く理子と令。

ある日、「怪力どろぼう」というどろぼうがぬすみを働いている話を、大家さんから聞きます。

「怪力どろぼう」とは、どんなどろぼうなのでしょうか。

犯人をつかまえるため、探偵キッズは、なぞ解きにいどみます。

なぞ16 なぞの侵入経路

「お？　いつのまにか<u>地下都市</u>（あ）ができている。令のペットはすごいな。」

叔父さんが感心したように言いました。棚の上の飼育ケースの中で、アリたちが複雑な迷路のような巣をつくり上げているのです。

「アリがペットなの？」と、虫が苦手な理子にいやみを言われても、令は「Ⓐ**健気**な働き者なんだよ。」と、**馬耳東風**でえさをあたえています。

そこへ大家さんから電話がかかってきました。

「探偵さん、四階の沢田さんから『アリがたくさん出て困る』って相談されたんだけど、原因を調べてくれないかい？」

理子がちらりと令を見ます。「さ、出番だよ。<u>アリ博士</u>（い）！」

三人はさっそく四階の住人の部屋を訪ねました。ドアを開けたとたん、元気なトイプードルが二ひき飛び出してきます。

「むだな**殺生**はいやだから、殺虫剤は使えないの。犬もいるし。」

ふっくらした体型の沢田さんが、はしゃぐ犬をおさえて言いました。

「仕事から帰って犬のえさ皿を見たら、アリがたくさん**うごめいて**いて卒倒しそうになっちゃったわ。ほうきではいて捨てても、また出てくるの。」

「二階の事務所でも令のアリしか見たことないのに、不思議だね。」

学習日　／

①　―あ叔父さんが言った「地下都市」とは、何をたとえて表現したものですか。□に書きましょう。

□

②　探偵事務所に電話をかけてきたのはだれですか。合うものを選んで記号に○をつけましょう。

□

ア　沢田さん
イ　大家さん
ウ　四階の住人

③　―いアリ博士とは、だれのことですか。□に名前を書きましょう。

□

アリはどこから来るのだろうと、理子は首をかしげてあたりを見わたしました。部屋の中は、二階の事務所と同じ物件だとは思えないほどきれいに改装され、ベランダにはおしゃれなテーブルといすも置かれています。叔父さんが、しゃがんで床を観察する令に聞きました。

「どうかな、令。侵入経路はどこだと思う？」

「ベランダ側のガラス窓にある、サッシのすきまから入っているみたい。」

令は立ち上がり、沢田さんにアリの性質を説明しました。

「アリは『道しるベフェロモン』を地面につけながら巣に帰ります。そして仲間がつけたにおいをたどって、えさのある場所と巣を往復します。人間には見えないアリの通勤路を消すためには、ほうきではくだけじゃだめなんです。酢などにおいの強いもので床をふくといいですよ。」

「まあ、そうなのね。わかりやすい説明をありがとう。さっそく試すわ。」

沢田さんが令にお礼を言っている間にも、走りまわる犬たちがテーブルにぶつかり、カップが床に落ちて割れてしまいました。

「食器を割るのはⒷ**日常茶飯事**なの。Ⓒ**再三再四**、しかってはいるのよ。」

沢田さんはため息をついて、割れたカップをベランダに出しました。

ベランダへ出た理子は、テーブルの足元に排水溝があることに気がつきました。そこから、何びきものアリが出入りしています。

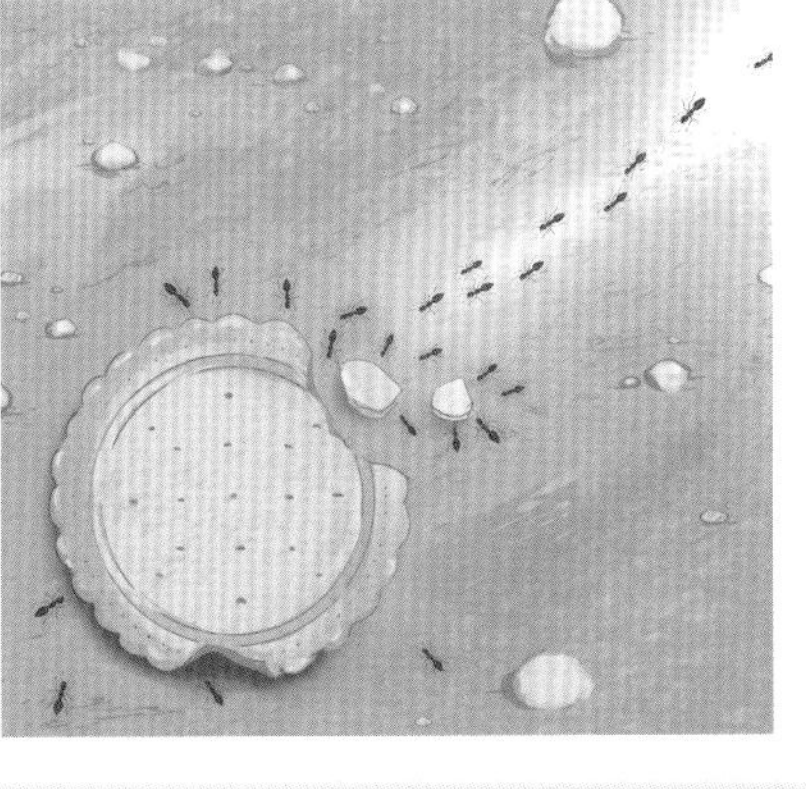

言葉の問題にチャレンジ！

次の言葉の意味に合うものを選び、記号に○をつけましょう。

Ⓐ **健気**

ア 力の弱い者が、がんばって困難に立ち向かう様子。

イ 健康的で、いつも元気な様子。

ウ 仕事や勉強などに集中している様子。

Ⓑ **日常茶飯事**

ア ふだん食べる食べ物や飲み物。

イ よくあること。よく起こること。

ウ 毎日するように決めてあること。

Ⓒ **再三再四**

ア 何度も。たびたび。

イ 時々。たまに。

ウ 午後に。夕方前に。

こたえは90ページ

「ひいっ！　アリがいっぱいいるよ、令！　雨どいを伝って、下から上ってきたの!?」

「どうかな。地面からここまでは、遠すぎる気がするけれど。」

　ふたりは並んでベランダから下をのぞきました。三階のベランダから観葉植物の大きな葉っぱが、かれてはみ出しているのが見えます。

「三階の住人さんは部屋の改装が趣味らしいって大家さんが言っていたから、きれい好きなのかと思っていたけれど、(う)植物には関心がなさそう。」

「こわれた雨どいも放置しているね。雨が降ると水もれするから三階の雨どいを修理してくれって、叔父さんが大家さんにたのまれていたよ。」

　令は考えながら話を続けます。

「もしかして、あの観葉植物のはちの土の中には、もともとアリの巣があったのかもしれない。アリたちは食べ物を探して三階のこわれた雨どいのすきまに入り、四階のベランダの排水溝を目指して上ったとか？」

「なるほど、そうかも！　はち植えの植物に虫がいることはあるもんね。」

ともあれ、アリが四階まで上がるようになったきっかけを探らないと。」

　話し合うふたりに、叔父さんがまじめな表情で言いました。

4 ——(う)理子が、三階の住人について「植物には関心がなさそう」と言ったのはなぜですか。□に当てはまる言葉を文章中から探して書きましょう。

三階のベランダから [　　　] が、かれてはみ出していたから。

5 叔父さんが大家さんにたのまれたことはなんですか。合うものを選んで記号に○をつけましょう。

ア　部屋の改装
イ　雨どいの放置
ウ　雨どいの修理

6 四階でアリが発生したのはなぜですか。□に当てはまる言葉を文章中から探して書きましょう。

沢田さんがベランダの排水溝に [　　　] を流したことがあり、それにつられたアリたちが三階から四階に上がったから。

「探偵に必要なのは『相手の立場や気持ちになって考えてみる』ことなんだ。すると、今まで見えなかったこたえが見えてくるんだよ。」

理子は「アリの気持ちねぇ……。」とつぶやき、目を閉じて考えました。

「わたしはアリ。はち植えのかわいた土の中でおなかがぺこぺこ。食べ物を探していたら、雨どいから犬のえさのいいにおいがしてきて……。」

「いくらなんでも、四階のガラス窓を閉めた部屋からはにおわないよ。おいしいごちそうがこわれた雨どいに入っていたならともかく。」

令の言葉で、理子はハッと気がつき、沢田さんに聞きました。

「ベランダのテーブルに置いたものをワンちゃんたちが落としたことはありますか？　排水溝にお菓子のくずやあまい飲み物が流れたことは？」

Ⓓ**やましい**気持ちがあるのか、沢田さんは決まり悪そうに言いました。

「Ⓔ**不謹慎**だけど、そうじするのがⒻ**わずらわしくて**、こぼれたジュースやあまい紅茶を流したこともあるわ。ごめんなさい。」

理子は令と顔を見合わせました。

「やっぱり！　アリたちはあまい飲み物につられて四階へ上り、ベランダから部屋に侵入してえさがあることを仲間に知らせたんだ！」

大家さんが三階の住人に確認し、四階で**おびただしい**数のアリが発生したなぞが解けました。

「君たちの能力ってすごいんだね。ちょっと見直しちゃった。」

理子は令の飼育ケースの中のアリたちに、感心して言いました。

言葉の問題にチャレンジ！

次の言葉を正しい意味で使っている文を選び、記号に○をつけましょう。

Ⓓ やましい

ア　毎日のやましい心がけが大切だ。

イ　ケーキにするか、クッキーにするか、やましい。

ウ　彼は胸を張って、「やましいことはない」と言い切った。

Ⓔ 不謹慎

ア　彼女は不謹慎で礼儀正しい。

イ　彼は不謹慎処分を受けて、自宅にいる。

ウ　亡くなった人のことをそんなふうに言うのは不謹慎だ。

Ⓕ わずらわしい

ア　わずらわしくそうじをしたので、部屋はぴかぴかだ。

イ　かぜで声がわずらわしくなった。

ウ　彼からの電話がわずらわしい。

こたえは90ページ

なぞ17 うそをついているのはどっち？

「君らのひいおじいさんが解決した事件の話をしようか。」

叔父さんがふたりに話してくれたのは、探偵だったひいおじいさんが解決した本格的な事件の話です。ひいおじいさんがまだ若者だったころ、お金持ちのお嬢様の屋敷に呼び出され、犯人探しの依頼を受けました。

旅行から帰ってくると、屋敷の中の貴重品がいくつかなくなっていたというのです。両親も海外に出かけており、留守宅にいたのはふたりのメイドだけ。中年のベテランメイドと、若い新人メイドです。どちらも屋敷から外へは一歩も出ておらず、何事もなかったと言いはります。

お嬢様がそれぞれ別々に話を聞いたところ、ふたりの話が大きく食いちがっているところがありました。新人メイドはお嬢様が留守の間、ほとんどくもっていてはだ寒かったと言い、ベテランメイドはほとんど晴れていていて暑かったと言うのです。天

学習日

①お金持ちのお嬢様から犯人探しの依頼を受けたのはだれですか。合うものを選んで記号に○をつけましょう。

ア 叔父さんのひいおじいさん

イ 理子と令のひいおじいさん

②ベテランメイドがうそをついていたとわかったのはなぜですか。□に当てはまる言葉を文章中から探して書きましょう。

記録温度計の［　　］を調べたところ、お嬢様が留守中の［　　］は少ない日がほとんどで、晴れではなかったはずだから。

③屋敷の貴重品をぬすんだのはだれですか。合うほうに○をつけましょう。

ベテランメイド・新人メイド

候の質問でベテランメイドがⒶ**動転**したように見えた、とお嬢様は言いました。とはいえ、長く勤めたメイドを確証もなく警察につき出すのも気が引けて、考えが**堂々めぐり**している、と。

「インターネットで過去の天気を調べることもできない時代だ。だが、ひいおじいさんは、屋敷の庭に備えつけてあったあるものを使って、天気のうそを見破り、犯人を特定した。それは、今も存在するものだよ。」

「なんだろう。ひいおじいさんの時代からずっとあるもの。」と、令。

「もう少しヒントを出そう。お嬢様の部屋にはあらゆる勉強の道具がそろっていた。両親が教育熱心だったためだが、本人は勉強が苦手。庭に設置されていたのは『白くて四角いもの』。勉強や観察に使うものだった。」

「あ、百葉箱じゃない？　気温の変化を調べる記録温度計。」

理子の言葉に、令がうなずきます。

「グラフを調べれば、どっちがうそをついたのかわかるもんね。晴れの日は一日の気温の差が大きいし、くもりや雨の日は差が小さい。」

叔父さんが「その通り。」と、優しい笑顔を見せます。

「記録温度計のグラフを調べたところ、お嬢様が留守中の一日の気温差は少ない日がほとんどだった。うそをついていたのは『晴れていた』と言ったベテランメイド。主人の留守中、新人メイドを残し、ないしょで休暇を取って旅行していた。それで天候を聞かれたとき動転したんだ。Ⓑ**洗いざらい**告白し、Ⓒ**観念**して平謝りしたそうだ。ぬすんだのは新人メイド。ひとり屋敷に残り、貴重品をじっくり吟味して**くすねた**んだよ。」

言葉の問題にチャレンジ！

次の言葉の意味に合うものを選び、記号に○をつけましょう。

Ⓐ **動転**
- ア おどろき、あわてること。
- イ 暗くなること。落ちこむこと。
- ウ 足元がふらふらすること。

Ⓑ **洗いざらい**
- ア 思い切って堂々と。
- イ よく洗って日光に当てて。
- ウ 残らずすべて。かくさず全部。

Ⓒ **観念**
- ア 人のまちがいを許すこと。
- イ 仕方ないと、あきらめること。
- ウ 悪いことをたくらむこと。

こたえは91ページ

なぞ18

怪力どろぼう

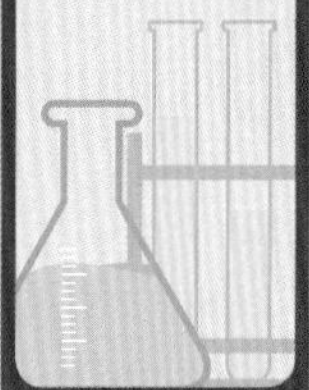

　夕方、理子と令がビルの玄関のはきそうじをしていると、大家さんが「物騒な世の中になったねえ。道徳観が**欠如**しているよ。」と憤慨しています。町内会から注意を呼びかける回覧板がまわってきたのです。

「この近所に怪力どろぼうが出たらしいんだよ。Ⓐ**さもしい**やつだね。」

「怪力どろぼう？　それって、どんなどろぼうなんですか？」

　理子と令がおどろいて聞き返すと、大家さんが言いました。

「留守宅の窓ガラスを割って侵入し、家の中の重い家具や金庫をひっくり返してぬすみを働くのさ。犯人はあ相当な怪力の持ち主だね。」

　そこに、つえをついて足を引きずった男性がやってきました。

「おや、三階の遠藤さん。けがの具合はどうですか？」

　大家さんが声をかけると、遠藤さんが情けなさそうに言います。

「まだ利き手と片足がこんな状態ですよ。それなのに、盗難被害の現場近くにいたってだけで、怪力どろぼうだと警察に疑われてね。」

「**ぬれ衣を着せられ**そうになったのかい。警察もⒷ**的外れ**なことをするね。」

　大家さんは同情した様子です。たしかに遠藤さんは小柄でやせており、とても怪力どろぼうだとは思えません。遠藤さんはコンクリートの階段を上るときにつまずいて、つえをうっかり取り落としてしまいました。

学習日　／

① ―あ大家さんがどろぼうについて、「相当な怪力の持ち主だ」と考えたのはなぜですか。□に当てはまる言葉を文章中から探して書きましょう。

家の中の［　　　　　］ぬすみを働くから。

② 怪力どろぼうはなんの原理を利用して、重い家具や金庫をひっくり返していましたか。文章中から探して五文字で書きましょう。

［　］［　］［　］［　］［　］

びっくりするほど大きな音を立てて、つえが階段の下まで転がります。

「これ、重いしなんだか変な形のつえですね。持ち手に厚みがなくて。」

令が遠藤さんに、拾い上げたつえをわたします。遠藤さんは、Ⓒ**憎悪**をこめた目で令をにらみ、階段を上っていきました。

令が真剣な表情で理子にささやきます。

「あの人、あやしいよ。本当に怪力どろぼうかも。先端にゴムのキャップをはめているから音はしないけれど、あのつえは重い鉄でできているよ。」

「つえが鉄だと犯人なの？　力がなさそうで、けがもしているのに。」

「あのつえはバールにそっくりな形だよ。持ち手の部分を家具の下に差しこめば、少しの力で重いものを持ち上げたりひっくり返したりできる。」

「あ、そうか！　てこの原理だね！　持ち手が作用点。つえの角が支点。つえの長い先が力点。てこがあれば力がなくても怪力になれるもんね。」

「うん。すぐに叔父さんに知らせて、警察に連絡してもらおう。」

けが人のふりをしていた遠藤さんは、やはり怪力どろぼうでした。鉄のつえで窓を割って留守宅にしのびこみ、ぬすみを働いたあと、警察の目をくらますために、重いものをたおしてにげていたのです。

言葉の問題にチャレンジ！

次の言葉の意味に合うものを選び、記号に○をつけましょう。

Ⓐ **さもしい**
- ア たよるものがなく心細い。
- イ いやしい。意地きたない。
- ウ 人よりとても力が強い。

Ⓑ **的外れ**
- ア むだなこと。役に立たないこと。
- イ 人の道にはずれること。道徳心のないこと。
- ウ 要点や大切なところから、ずれていること。

Ⓒ **憎悪**
- ア 気弱そうな気持ち。
- イ にくむこと。にくむ気持ち。
- ウ だまそうとする気持ち。

←こたえは91ページ

なぞ
19 消えた犯人

大変なことが起こりました。令と理子の機転によって逮捕寸前だった三階の『怪力どろぼう』が、ベランダから非常用のはしごを伝ってにげてしまったのです。通報により警察がかけつけてきたときには、部屋はすでにもぬけのから。Ⓐ**由々しい**事態に**マスコミ**も大さわぎです。

「奇妙な事件になったものだな。にげた犯人が消えてしまったなんて。」

ニュース番組を見ていた叔父さんが、うで組みして言いました。氷をうかべたジュースを叔父さんに手わたし、理子が聞きます。

「消えた？　どういうこと？」

「水の中に消えたんだよ。」

今が、理子にニュースの内容を伝えます。

「窓からぬけ出た犯人は、近くの公園でかき氷屋の移動販売車をうばい、郊外の大きな川のほうへにげたんだ。そして、橋の上に車を止め、川に飛びこんだらしい。近くにいた人が、橋の上か

学習日　／

① 犯人はどんな格好をしていましたか。□に当てはまる言葉を文章中から探して書きましょう。

□をかぶり
□を着ていた。

② 警察は犯人を見つけるために、川のどの部分を捜索しましたか。文章中から探して七文字で書きましょう。

□□□□□□□

ら何かが水に落ちたような、ザブンという音を聞いている。そして、川の下流でつりをしていた何人かが、赤い服を身につけた人が流されていくところを、遠目で目撃していた。移動販売車をうばわれたかき氷屋は、犯人は黒いぼうしをかぶり真っ赤な上着を着ていたと言っている。」

「泳いでにげようとして流されたのかなぁ。」

理子の言葉に、令が「そうかもしれないね。」とうなずいて続けます。

「通報を受けた警察は下流にまわり、犯人をつかまえようとしたんだ。でも、流れてきたのは、犯人が身につけていた赤い上着と黒いニットのぼうしだけ。もちろん、置き去りにされた移動販売車の中にもいない。」

令の話を受けて、叔父さんが言いました。

「警察が、橋から下流までを徹底的に捜索したが見つからないんだよ。解決の糸口がつかめず、**五里霧中**の状態で、Ⓑ**難局**に立っている。『怪力どろぼう』は透明人間なのではと、Ⓒ**まことしやか**にうわさが流れているんだ。」

「不思議だね。犯人はどこへ消えちゃったんだろう。」

理子はテーブルに置いたジュースを飲むのも忘れ、いすに座って真剣に考えました。令が、疑問を唱えます。

「橋から飛びこんで流されていったのは、本当に犯人だったのかな？」

「犯人でしょ。だって、同じ服を着た人が流れていくのを目撃している人がいるんだよ？　真っ赤な上着は目立つから、まちがえないはずだよ。」

理子の反論に、令が「でもさ。」と、食い下がります。

言葉の問題にチャレンジ！

次の言葉の意味に合うものを選び、記号に○をつけましょう。

Ⓐ 由々しい

ア 重大である。そのまま放っておいては大変なことになる。

イ 見ていられないほどひどい様子。痛ましい様子。

ウ 世の中のことに慣れていない。

Ⓑ 難局

ア 解決するのが難しい事態。困った事態。

イ 険しくて通りにくい道。

ウ 進む道のり。

Ⓒ まことしやか

ア 本当でないことをいかにも本当らしく思わせる様子。

イ 小さな声でささやく様子。

ウ 静かで上品な様子。

こたえは92ページ

「洋服を身につけているから人間だとは限らないと思わない？　たとえば人形や、丸めた布団。それほど大きくなくても、髪の毛に見える黒いぼうしをかぶせて赤い服を着せれば、遠くからは人間に見えると思う。にせものを川に流し、その間に徒歩で反対方向へにげたんじゃないかな。」

「だけど、犯人は、部屋から非常用はしごを伝ってにげているでしょ。大きな人形や布団を持っていたらにげにくいし、すごく目立つから逃走に**支障**が出るはずだよ。」

理子と令の白熱した議論をだまって聞いていた叔父さんが言いました。

「犯人が何も持たずににげたことは、防犯カメラの映像でわかっている。逃走途中にぬすんだものも、移動販売車だけ。さあ、どう推理する？」

「Ⓓ**無謀**なのか、Ⓔ**綿密**な計算をしていたのかわからない犯人だねぇ。」

理子の言葉に、令が考えこみます。

「犯人は逃走中に、何かを使って警察の目をくらますことを思いついたんじゃないかな。目立つ服を着せてニットぼうをかぶせたら、人間に見える大きさのもの。ザブンという音が聞こえるくらいに重量があって、川に落ちると水面にうき上がる。そして、水の中で消えてしまうもの……。」

静かな事務所の中に、カランとすずしい音がひびきます。ジュースを入れたコップの中で氷がとけ、ガラスのコップにぶつかる音でした。

理子が、「あっ！」と小さく声を上げます。

「ねえ、犯人は移動販売車の中にある大きなものを使って、飛びこんだよ

3 犯人は何に自分のぼうしと上着を着せて川に落としたと、理子と令は推理しましたか。文章中から探して書きましょう。

[　　　　]

4 水の中で犯人が消えてしまったように見えたのはなぜですか。□に当てはまる言葉を文章中から探して書きましょう。

犯人の服を着せ、ぼうしをかぶせた氷が、川を[　　　　]うち、[　　　　]から。

5 犯人はどこにかくれていましたか。文章中から探して八文字で書きましょう。

[　　　　　　　　]

うに装ったんじゃない？」

理子は氷が入ったコップを手に取り、今と叔父さんに見せました。

「ほら見て。常温の水に入れた氷はうくよね。かき氷屋さんは販売車内の冷蔵庫に、氷を入れているでしょ？　大きな氷のかたまりを。」

「それだよ！　犯人が使ったのは、大きな長方形の氷のかたまりだ！」

今はいすから立ち上がって言いました。

「自分が着ていた服を着せ、ぼうしをかぶせて橋から落とし、人間が流れていくように見せることで、逆方向へにげるための時間かせぎをしたんだよ。氷は川を流れていくうち、徐々にとけてしまった。だから、水の中で犯人が消えてしまったように見えたんだ！」

叔父さんが真剣な表情でうなずきます。

「その推理は当たっていると思う。警察にオレの**竹馬の友**の刑事がいるから、この話を伝えてみよう。」

ふたりが推理した通り、犯人は橋より上流の小屋にかくれ、雨風をⒻ**しのいで**いました。そこで警察にとらえられ、ついに**屈服**したのです。

探偵キッズは、こうしてまたもや大きな事件を解決したのでした。

言葉の問題にチャレンジ！

次の言葉を正しい意味で使っている文を選び、記号に○をつけましょう。

Ⓓ 無謀

ア　赤ちゃんは無謀にねむっている。
イ　姉の挑戦は、無謀だった。
ウ　彼女は注意深いので、無謀だ。

Ⓔ 綿密

ア　綿密な計画のおかげで成功した。
イ　彼女のスカートは綿密でできている。
ウ　兄は綿密だったので、試験に合格した。

Ⓕ しのぐ

ア　彼はかくれんぼで穴にしのいだ。
イ　祖父は空腹をしのいで、生きのびた。
ウ　彼女は口を水でしのいだ。

こたえは92ページ

なぞ20

冷たい赤、焼けつく白

ある日の夕食後、三人はビルの屋上へ上がって夕すずみをしました。

「夏休みもあと少しで終わりかぁ。毎日が楽しすぎて、あっという間に過ぎちゃった。帰りたくないなぁ。もっと探偵の仕事を手伝いたいよ。」

理子はⒶ**後ろ髪を引かれる**思いでした。令も「そうだね。」と賛同します。

「君らには、学校で学ぶっていう大切な仕事があるだろう?」

叔父さんの言葉に、理子が不満そうに口をとがらせます。

「同じことをお母さんから**耳にたこができる**ほど言われているよ。でも、算数や理科が将来なんの役に立つの? それより探偵の勉強がしたい。」

「うん。理子の言う通り、ぼくたち、もっといろんななぞを解いて、大人になったら叔父さんみたいな探偵になりたいんだ。」

すると叔父さんはまじめな表情でふたりに言いました。

「学校の勉強は、Ⓑ**無用の長物**じゃないぞ。優秀な探偵になるための勉強でもある。なぞを解くには、**まがいもの**ではない正しい知識が必要なんだ。勉強をⒸ**ないがしろ**にしてはだめだよ。今取り組んでいる夏休みの宿題が、二十年後の大事件を解決するかぎとなるかもしれない。」

「たしかに、ここで解いたなぞも、理科の勉強が役立っていたね。」と令。

「じゃあ、ちゃんと勉強をしたら、この探偵事務所で働いてもいい?」

学習日 ／

① 叔父さんによると、なぞを解くのに必要なものはなんですか。文章中から探して□に書きましょう。

□

② 令によると、なぞを解くのに役立っていたものはなんですか。合うものを選んで記号に○をつけましょう。

ア 探偵の勉強
イ 夏休みの宿題
ウ 理科の勉強

③ アンタレスの表面温度はどれくらいですか。

□度くらい

理子が聞くと、叔父さんがにっこりと笑います。

「もちろん。そのときは必ず歓迎するよ。さあ、今日は星空をながめて、いつか必要になるかもしれない知識をたくわえようか。ほら見てごらん。今夜は夏の星座がよく見える。さそり座、はくちょう座……。」

今は、夜空でひときわ目立つ赤い星を指さしました。

「ぼく、知っているよ。あれは、さそり座の赤い星、アンタレスだね。」

星を見上げた理子は、不思議に思って叔父さんに聞きました。

「ねえ、アンタレスはどうして赤いの？ ちがう色の星もあるよね？」

「星の表面温度がちがうんだ。赤い星は3500度くらいもあるんだよ。」

「想像もできないほどの高温だね。」と、理子がおどろきます。

「青白い星はもっと高温だぞ。2万9000度もあるといわれているんだ。」

「ひゃあ！ 3500度が冷たく感じられるくらいの熱さなんだね！」

そのとき、屋上に上がってきた大家さんが三人に声をかけました。

「探偵さんたちにお願いだよ。知恵を貸してくれないかね？ 『怪力どろぼう』が、三階にかくし部屋をつくっていたみたいなんだよ。」

大家さんに依頼され、三人は三階の室内を調べました。

言葉の問題にチャレンジ！

次の言葉の意味に合うものを選び、記号に○をつけましょう。

Ⓐ 後ろ髪を引かれる

ア あとのことが気になってあきらめきれず、未練が残る。

イ 後悔する。失敗を残念に思う。

ウ いじわるをされる。

Ⓑ 無用の長物

ア 時間をかけて取り組むもの。

イ 役に立たないもの。

ウ 終わりがないもの。やり続けるもの。

Ⓒ ないがしろ

ア 人やものごとを軽く見て、いいかげんにあつかうこと。

イ 真剣に取り組むこと。集中すること。

ウ ふざけること。じょうだんにすること。

こたえは93ページ

収納スペースの奥に、犯人がつくったかくし部屋があるようです。ドアは見当たらず、壁にはボタンがふたつついているだけです。

「青いボタンと赤いボタンがあるね。どっちかをおすと開くのかな？」

ボタンをおそうとした理子の手をおさえ、叔父さんが言いました。

「犯人がつくったしかけだ。むやみにさわらないほうがいい。」

あとずさった理子の肩が壁に当たると、とつぜん音声が流れました。

【漆黒の夏の川辺にひそむ巨大なⓐサソリの心臓は、熱い青か冷たい赤か。】

「これ、暗号かな？」と令が聞くと、叔父さんがうなずきます。

「犯人が侵入者にわなをしかけたんだろう。まちがえると危険だ。」

「……冷たい赤。サソリの心臓」と、令がつぶやきます。

「もしかして、夏の夜空の天の川にかかるさそり座の赤い恒星、アンタレスのことかな。」

「そうかも。赤い星は青い星より温度が低いから、こたえは『冷たい赤』？」

「おそらくそれが正解だろう。オレがボタンをおすからふたりははなれて。」

叔父さんが赤いボタンをおすと、壁が横にすっと開きました。ところがそこにまた新しい壁とふたつのボタンが現れたのです。今度は、赤いボタンと白いボタンが並んでいます。壁が開きると、音声が流れました。

【漆黒の冬の切り立った三角の山から見下ろすⓘ巨大な犬のきばは、焼けつく白か、血にぬれた冷たい赤か。】

「うーん。これは冬の星座のことかなぁ？　冬の大三角にあるのはおおいぬ座だよね。巨大な犬のきばは、おおいぬ座にある星……？」

4 ——ⓐ犯人のつくった暗号の「サソリの心臓」とは何を意味していますか。文章中から探して五文字で書きましょう。

□□□□□

5 ——ⓘ犯人のつくった暗号の「巨大な犬のきば」とは何を意味していますか。合うものを選んで記号に○をつけましょう。

ア 冬の大三角

イ アンタレス

ウ シリウス

6 大家さんが叔父さんの部屋の家賃を下げてもいい、と言ったのはなぜですか。□に当てはまる言葉を文章中から探して書きましょう。

□が ビルにいると、安心して □ から。

「そうだよ、理子！　その星は白い恒星、シリウスだ。ものすごく熱い、青白い星。だからこたえは、『焼けつく白』。白いボタンだよ！」

令のこたえにうなずき、叔父さんが白いボタンをおすと、目の前の壁が横に動きはじめました。理子と令は大喜びです。

「やったあ！　開いたぁ！　ほら見て！　奥に小部屋があるよ！」

そこには、Ⓓ**貪欲**な犯人がぬすんだ高価な品物がかくされていたのです。

その後、ぬすまれた品物は持ち主にすべて返すことになったと、警察から連絡が入りました。今度こそ、『怪力どろぼう』事件が一件落着したのです。大家さんが叔父さんに、にこにこ笑顔で言いました。

「感心したよ。考えたんだけど、家賃は下げてもいいよ。優秀な探偵さんがこのビルにいてくれると、**枕を高くして**ねむれるからね。」

叔父さんはⒺ**面映ゆい**様子で頭をかき、お礼を言いました。

「ご**厚意**に感謝します。これでⒻ**腰をすえて**探偵業に打ちこめます。」

「わぁ、よかったね、叔父さん！」

「ありがとう。君らこそ、優秀な探偵キッズだよ。」

理子と令はにっこりと笑顔をかわし、元気にハイタッチしました。

言葉の問題にチャレンジ！

次の言葉を正しい意味で使っている文を選び、記号に○をつけましょう。

Ⓓ 貪欲

ア 祖母は「年を取ると貪欲になって、欲しいものがなくなる」と言った。

イ 少女は知識を貪欲に吸収していった。

ウ 彼は貪欲がなくて、夕飯を残した。

Ⓔ 面映ゆい

ア 失敗して面映ゆかった。

イ みんなの前でほめられて、面映ゆかった。

ウ あと一歩のところで優勝をのがし、面映ゆかった。

Ⓕ 腰をすえる

ア 彼女は腰をすえておどろいた。

イ そろそろ帰ろうと思って、腰をすえた。

ウ 父は腰をすえて研究に取り組んだ。

← こたえは93ページ

こたえと解説 なぞの侵入経路 74〜77ページ

【74・75ページ】
① アリの巣（す）

解説
叔父（おじ）さんが「お？ いつのまにか地下都市ができているい」（74ページ1行目）と話しているあとを注意深く読みましょう。

② イ

解説
74ページ6行目に「そこへ大家さんから電話がかかってきました」とあります。他の選択肢（せんたくし）の「沢田（さわた）さん」「四階の住人」は同一人物で、大家さんに相談した人です。

③ 令

解説
74ページ9行目で、理子（りこ）が令（れい）のことを「アリ博士（はかせ）」と呼（よ）んでいます。

言葉の問題にチャレンジ！

A （ア）
B （イ）
C （ア）

言葉の学習
お話に出てきた言葉の意味を確（たし）かめましょう。
馬耳東風（ばじとうふう）……人の意見を気にせず聞き流すこと。
殺生（せっしょう）……生き物を殺（ころ）すこと。
うごめく……虫がはうようにもぞもぞと動く。

【76・77ページ】
④ 観葉植物（かんようしょくぶつ）の大きな葉っぱ

解説
理子が三階の住人のことを「植物には関心（かんしん）がなさそう」（76ページ12行目）と言った理由は、それより前に書かれています。

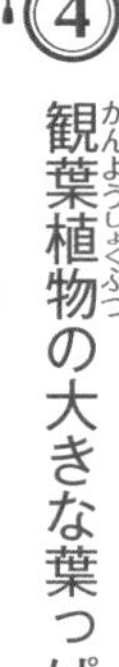

⑤ ウ

解説
76ページ13・14行目の令の言葉に、大家さんが叔父（おじ）さんにたのんだ内容が書かれています。

⑥ （こぼれた）ジュースや
あまい紅茶（こうちゃ）〔あまい飲み物〕

解説
理子と令の推理（すいり）は77ページの4行目以降（いこう）にあります。アリの発生をうながしてしまった沢田さんの行動を整理して、空らんに合うように書きぬきましょう。

言葉の問題にチャレンジ！

D ウ
E ウ
F ウ

解説
「やましい」は「自分の心にはじるところがあって気が引ける」、「不謹慎（ふきんしん）」は「つつしみがないこと、またその様子」、「わずらわしい」は「めんどうで気が重い様子」という意味です。

言葉の学習
お話に出てきた言葉の意味を確（たし）かめましょう。
ともあれ……それはそれとして。とにかく。
おびただしい……数や量が非常（ひじょう）に多い。

理科の解説
アリは、えさを見つけると、「道しるべフェロモン」という物質（ぶっしつ）を地面につけながら巣（す）に帰ります。これは、仲間（なかま）のアリたちにえさがある場所までの道を伝（つた）えるためのもので、仲間たちはこの道しるべフェロモンのにおいをたどっていきます。こうして、アリの行列ができてきます。
アリたちがたどる道の上に石などの障害物（しょうがいぶつ）を置くと、最初（さいしょ）は道に迷（まよ）ったようにうろうろしますが、やがて障害物をよけて、新しい道を行列で進むようになります。

なぞ17・18

こたえと解説

うそをついているのはどっち? 78・79ページ

怪力どろぼう 80・81ページ

【78・79ページ】

①イ

解説

お話は、叔父さんが「君らのひいおじいさんが解決した事件の話をしようか」(78ページ1行目)と話すところからはじまり、ひいおじいさんがお金持ちのお嬢様に依頼されて事件を解決した一件が語られます。「君ら」とは、物語の主人公の理子と令の姉弟のことです。

②グラフ・一日の気温差

解説

79ページ16~18行目にベテランメイドのうそを見ぬいた理由が書いてあります。

③新人メイド

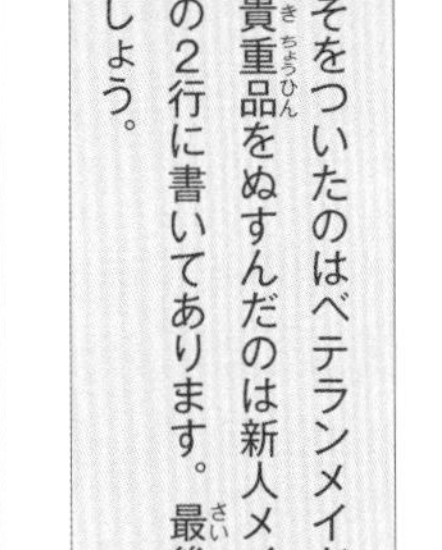

解説

うそをついたのはベテランメイドですが、屋敷の中の貴重品をぬすんだのは新人メイドです。お話の最後の2行に書いてあります。最後まで注意して読みましょう。

言葉の問題にチャレンジ!

Ⓐ ア

Ⓑ ウ

Ⓒ イ

言葉の学習

お話に出てきた言葉の意味を確かめましょう。

堂々めぐり……同じことのくり返しで、先に進まないこと。

くすねる……こっそりぬすむ。

理科の解説

晴れの日の気温は、一日の中で大きく変化します。朝と夕方は気温が低く、昼は高くなります。

一方、くもりや雨の日は、気温が一日中あまり変わりません。

【80・81ページ】

①(重い)家具や金庫をひっくり返して

解説

大家さんの「犯人は相当な怪力の持ち主だね」(80ページ8行目)という意見の前に、そう考える理由が述べられています。

②てこの原理

解説

81ページ13~16行目に令と理子の推理が書かれています。五文字で書かれている、どろぼうが利用したしくみを探しましょう。

言葉の問題にチャレンジ!

Ⓐ イ

Ⓑ ウ

Ⓒ イ

言葉の学習

お話に出てきた言葉の意味を確かめましょう。

欠如……必要なものが欠けていること。

ぬれ衣を着せられる……悪いことをしていないのに、その罪をおしつけられること。

理科の解説

棒などをある一点で支え、ある一点に力を加えることで、他の一点にあるものに力を加えるしくみのことを、「てこ」といいます。

てこを使った道具は、はさみやつめ切りなど、身近にたくさんあります。

なぞ19 こたえと解説

消えた犯人 82〜85ページ

【82・83ページ】

①黒い（ニットの）ぼうし・真っ赤な上着〈赤い服／赤い上着〉

解説 83ページ3・4行目に犯人の服装についての証言があります。

②橋から下流まで

解説 83ページ11行目に「警察が、橋から下流までを徹底的に捜索した」とあります。七文字で、という指定があるので、それに従ってこたえを書きましょう。

言葉の問題にチャレンジ！

Ⓐ ア　Ⓑ ア　Ⓒ ア

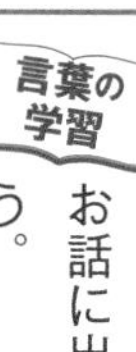

言葉の学習 お話に出てきた言葉の意味を確かめましょう。

マスコミ……新聞、テレビなどで多くの人に情報を伝えること。転じて、新聞、テレビ、ラジオなどのこと。

五里霧中……ものごとの様子がわからず、どうしたらよいかまったくわからないこと。

【84・85ページ】

③大きな（長方形の）氷のかたまり

解説 理子と令の推理は84ページ21行目〜85ページ10行目に書かれています。何にぼうしをかぶせ服を着せたか書かれているところを探しましょう。

④流れていく・（徐々に）とけてしまった

解説 85ページ9・10行目に「だから、水の中で犯人が消えてしまったように見えたんだ」とあります。「だから」の前から、こたえを探しましょう。

⑤橋より上流の小屋

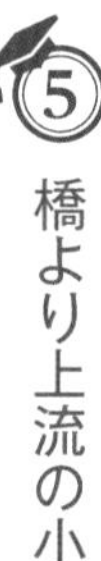

解説 85ページ16〜18行目、「犯人は橋より上流の小屋にかくれ、雨風をしのいでいました」に注目しましょう。

言葉の問題にチャレンジ！

Ⓓ イ　Ⓔ ア　Ⓕ イ

解説 「無謀」は「結果もよく考えずに行うこと」、「綿密」は「細かく注意が行き届いていること、またその様子」、「しのぐ」は「がまんして乗りこえる」という意味です。

言葉の学習 お話に出てきた言葉の意味を確かめましょう。

支障……ものごとを進めるにあたって、じゃまになるもの。さしつかえ。さしさわり。

竹馬の友……幼なじみ。小さいころからの友だち。

屈服……相手に負けて従うこと。

理科の解説

水は、冷やされて0度になるとこおりはじめ、氷になります。氷は水にうきます。

水は「液体」、氷は「固体」の状態といいます。固体は、形が変わりにくいという特徴があります。

こたえと解説

冷たい赤、焼けつく白

86〜89ページ

【86・87ページ】

①（まがいものではない）正しい知識

解説

問題文に「叔父さんによると」とあるので、叔父さんの発言に注目して読みましょう。86ページ13行目の「なぞを解くには」ではじまる叔父さんの言葉にこたえがあります。

② ウ

解説

問題文に「令によると」とあるので、令の発言に注目しましょう。86ページ16行目に「ここで解いたなぞも、理科の勉強が役立っていたね」とあります。

③ 3500

解説

87ページ5〜8行目を読むと、アンタレスが赤い星であることがわかります。9行目には「赤い星は（表面温度が）3500度くらいもある」とあり、赤い星であるアンタレスの表面温度は3500度くらいだとわかります。

言葉の問題にチャレンジ！

Ⓐ ア　Ⓑ イ　Ⓒ ア

言葉の学習

お話に出てきた言葉の意味を確かめましょう。

耳にたこができる……同じことばかり何度も聞かされてうんざりすること。

まがいもの……にせもの。

【88・89ページ】

④ アンタレス

解説

88ページ11・12行目に令の推理が書かれています。推理に従ってボタンをおしたところうまくいったので、推理は正解だったとわかります。

⑤ ウ

解説

88ページ18・19行目の暗号文と、88ページ20・21行目の理子の推理、それに続く令の言葉を照らし合わせながら読みましょう。暗号の「切り立った三角の山」は「冬の大三角」を、同じく「巨大な犬」は冬の大三角の中にある「おおいぬ座」を、「きば」はおおいぬ座にある星「シリウス」を表しているとわかります。

⑥ 優秀な探偵（さん）・ねむれる

解説

89ページ10行目の大家さんの「家賃は下げてもいいよ」の言葉のあとに、その理由が述べられています。

言葉の問題にチャレンジ！

Ⓓ イ　Ⓔ イ　Ⓕ ウ

解説

「貪欲」は「とても欲ばりなこと」、「面映ゆい」は「うれしくてはずかしい」、「腰をすえる」は「落ち着いてひとつのことにじっくり取り組む」という意味です。

言葉の学習

お話に出てきた言葉の意味を確かめましょう。

枕を高くする……安心してねむる。

厚意……思いやりのある心。

理科の解説

星の色は、表面温度によってちがいます。表面温度が高い星は青白く、低い星は赤く見えます。たとえば、夏の空に見えるさそり座の星、アンタレスは赤っぽく、冬の空に見えるオリオン座の星、リゲルは青白く見えます。

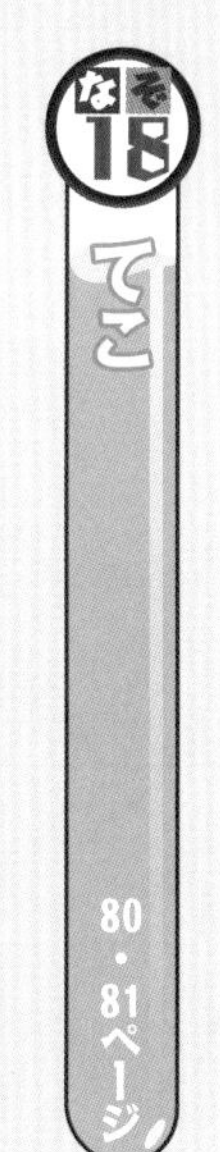

棒などをある一点で支え、ある一点に力を加えることで、他の一点にあるものを動かしたりするしくみを、**てこ**といいます。てこを使うとき、棒などを支える点を**支点**、力を加える点を**力点**、ものを動かしたり、ものに働きかけたりする点を**作用点**といいます。

てこは、支点から力点までの距離が支点から作用点までの距離より長いほど、小さな力でものを動かすことができます。

てこの働きを使っている道具は、身近にたくさんあります。せんぬきは、小さな力で固いせんを開けることができる、てこを利用した道具です。また、はさみもてこを利用した道具で、刃の重なった部分が支点、にぎる部分が力点、刃が作用点です。

なぞ20 星の色と温度

86～89ページ

夜空の星と星を結んで、何かの形に見立てたものを**星座**といいます。星座は、国際天文学連合によって八十八個と決められています。代表的な星座には、オリオン座やさそり座、おおぐま座などがあります。

星座をつくっている星は、太陽と同じように、自分で光を出している**恒星**という種類の星です。ただ、太陽以外の恒星は、地球からずっと遠くにあるので、小さな点のように見えます。

星座をつくっている恒星は、明るさによって、一等星や二等星などという呼び方で分けられています。数字が小さいほど明るく、数字が1少なくなるほど、約2・5倍ずつ明るくなります。

恒星の色は、表面の温度によってちがって見えます。温度が高くなるにしたがって、赤→オレンジ→黄→白→青白となります。太陽の表面温度は約6000度なので、黄色っぽく見えます。さそり座のアンタレスという一等星は約3500度なので赤く見え、おおいぬ座のシリウスという一等星は、約1万度なので白っぽく見えます。

おさらい！理科クイズ

てこは、支点と力点の距離が支点と作用点の距離より長いほど、どうなりますか？

1 **小さな力でものを動かすことができる。**

2 **ものを動かすのに大きな力が必要になる。**

3 **力の大きさは距離が短いときと特に変わらない。**

← こたえは116ページ

72ページのこたえ 2

昼12時ごろのかげの長さは、太陽の高さがもっとも高い夏のほうが短くなります。

5章 飯田塾で不思議を解決！

登場人物紹介

宮村 恭太

「飯田塾」という学習塾に通う、小学5年生。ちょっぴりおっちょこちょいな性格だが、真緒や瞬など、下級生の子にはお兄さんらしい一面も見せる。

速水 早希

飯田塾に通う、小学4年生の女の子。料理が得意で、お菓子づくりにもチャレンジしている。はっきりした性格で、恭太の発言につっこみを入れることが多い。

石川 真緒

飯田塾に通う、小学2年生。早希の影響で、料理に興味を持っている。

益田 瞬

飯田塾に通う、小学１年生。やんちゃで素直な性格。

飯田 ユイ

「飯田塾」を開き、恭太たちに勉強を教えている。勉強のために恭太たちを課外授業に連れ出してくれるなど、行動的で生徒思いの優しい先生。

なぞ

21 川の写真

十月の中ごろ、土曜日の午後です。恭太はいつものように飯田塾に向かっています。

飯田塾は、恭太の家のとなりにある学習塾です。近所に住んでいる飯田ユイ先生が、空き地を借りてプレハブ小屋を建て、小学生に勉強を教えているのです。

Ⓐ**まばら**に草が生えた土地の真ん中にあるプレハブ小屋は、八畳一間に小さなキッチンとトイレがあり、窓からは弥生川の堤防が見えます。

「こんにちは。」

恭太が中に入ると、他のメンバーはもうみんな来ていました。

一年生の瞬、二年生の真緒、四年生の早希、そしてユイ先生です。

飯田塾では、ちがう学年の児童がみんないっしょに勉強しています。

「オレ、今日は算数のプリントをやりまーす。」

学習日 ／

① 飯田塾のとなりには何がありますか。合うものを選んで記号に○をつけましょう。

ア 恭太の家

イ ユイ先生の家

ウ プレハブ小屋

② 恭太が飯田塾に着いたとき、中には恭太以外に何人、人がいましたか。□に書きましょう。

□人

③ 飯田塾で、子どもたちが自分で決めるのはなんですか。文章中から探して九文字で書きましょう。

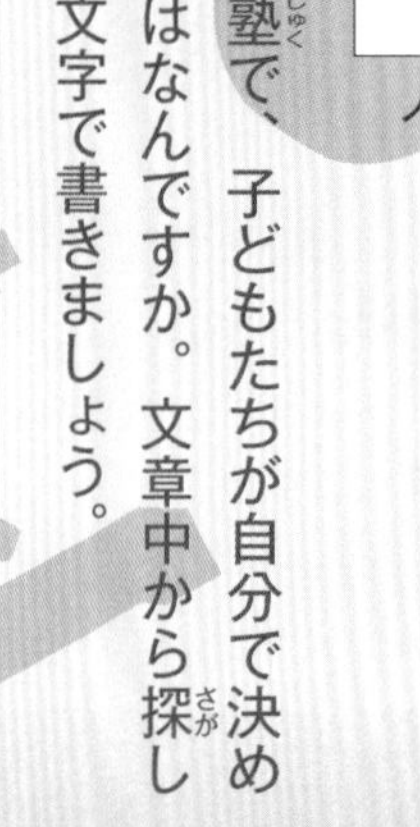

なぞ21 川の写真

そう言うと恭太はさっそく、かばんから算数のプリントを出しました。

ユイ先生の**理念**は「楽しく元気に学ぼう」で、その日勉強する内容は子どもたちが自分で決めます。

「わたしは社会。授業中、時間がなくて先生がⒷ**割愛**したところを自分で調べるのが宿題なの。」

早希が立ち上がって、本棚に向かいました。

本棚には、小学生の勉強に役立つ本がたくさん並んでいます。

「あっ。」

早希が本を出したひょうしに本棚から茶色い封筒が落ちました。

封筒から何枚かの写真が飛び出しています。

「何それ！」

おもしろそうだと思った恭太が飛びつきました。

封筒の中には、ユイ先生と女の人たちが写っている写真が入っています。

「先週、友だちと川の上流へハイキングに行ったときの写真だよ。」

真緒が恭太の持っている写真を指さしました。

「先生の服、いつもとちがうね。」

早希が言いました。

「このシャツ、最近の**トレンド**だよね。テレビで見たよ。先生きれい。」

「きれいだなんて、言いすぎだよ。」

先生はⒸ**謙遜**します。

恭太が写真を見ながら先生にたずねました。

言葉の問題にチャレンジ！

次の言葉の意味に合うものを選び、記号に○をつけましょう。

Ⓐ **まばら**
- ア 少しずつ、間があいていること。
- イ すき間がないほどたくさん集まっていること。
- ウ いろいろな種類のものがたくさんあること。

Ⓑ **割愛**
- ア 分けて、別々にすること。
- イ 残念に思いながら、省くこと。
- ウ 好きなものを取り分けること。

Ⓒ **謙遜**
- ア はずかしそうな表情をすること。
- イ 自分の態度をひかえめにすること。へりくだること。
- ウ きっぱりと「そうではない」と打ち消すこと。

こたえは112ページ

「写真によって、川の広さとか、石の形や大きさがずいぶんちがうね。何日かに分けていろんな川に行ったの？」

「ううん、一日だし、同じ川の上流から下流に歩いただけだよ。」

そのあと、先生の、お弁当を持っていったのにおはしを忘れた**エピソード**などを聞きながら、恭太と早希は散らばった写真を全部見ました。

最後に、先生が言いました。

「他の友だちにも見せるから、写真は順番通りにしておいてね。」

「えっ。今ごろ言われても、もうすっかりばらばらだよ。」

恭太が困ったように言っても、先生は平然としています。

「大丈夫。写真を見るだけで、順番通りに並べられるはずだよ。」

恭太はその言葉を聞いてひらめきました。

「わかった。写真の太陽の位置を見れば、大体の時間がわかるんだ！」

「恭太の推理はたいていはずれるね。よく見て。全部くもりで太陽なんて見えないよ。」

恭太がⓐ早希のするどい指摘にⒹ**辟易**していると、先生が川の図鑑をふたりにわたしてくれました。

「ヒントがないとⒺ**いささか**難しいかな？　川をよく見て。川のはば、石の形や大きさのちがいには、どんな意味があると思う？　わたしたちは上流までバスで行って、睦月湾に出る河口まで歩いて帰ってきたよ。」

「先生、オレたちに勉強をさせようってⒻ**もくろみ**だね？」

ふたりは、図鑑を開きました。

4 先生がハイキングに持っていくのを忘れたものはなんですか。文章中から探して□に書きましょう。

□

5 ――ⓐ「早希のするどい指摘」とはどんな内容ですか。合うものを選んで記号に○をつけましょう。

ア　写真を見るだけで順番通りに並べられる。

イ　太陽の位置を見れば大体の時間がわかる。

ウ　写真の天気は全部くもりで、太陽は見えない。

6 川のはばがせまく、見通しがよくないのは川のどのあたりですか。合うものを選んで○をつけましょう。

上流・下流

なぞ21 川の写真

「上流は山の上だから、がけが多いんだ。」

「下流に近づくにつれてだんだん川のはばも広く、見通しもよくなってくるんだね。」

はじめは**皆目**見当のつかなかったふたりも図鑑を見ているうちに、川の上流と下流のちがいがわかるようになってきました。

「よし、図鑑と見比べながら先生の写真を並べかえよう。」

恭太の言葉に、瞬が言いました。

「ぼくたちも手伝う!」

「ありがとう。じゃあ、瞬と真緒は、川原の石が小さくて川はばの広い写真を探して。」

「それは川のどのあたりなの?」

「川の下流だよ。」

しばらくして四人は無事写真を並べかえることができました。

「すごい、正解。全部合っているよ。」

先生がほめてくれました。

「やったね。チームワークの勝利だな。」

恭太は得意顔でガッツポーズをしました。

言葉の問題にチャレンジ!

次の言葉を正しい意味で使っている文を選び、記号に○をつけましょう。

Ⓓ 辟易

ア 彼は辟易としてライバルに立ち向かった。

イ 彼女のまじめぶった演説には辟易した。

ウ 校長先生の指摘は辟易だ。

Ⓔ いささか

ア 彼はいささか勇気を出した。

イ いささかの迷いもなく、彼のさそいを断った。

ウ 彼の才能はいささかで、世間にも認められている。

Ⓕ もくろみ

ア もくろみが両親にばれてしまった。

イ 彼の勉強は熱心なもくろみだ。

ウ 努力したので、すばらしいもくろみになった。

← こたえは112ページ

なぞ22

糸電話と風鈴

小学校の図工展が終わり、瞬と真緒は自分の作品をユイ先生に見てもらおうと、塾に持ってきました。

二年生の作品は風鈴です。真緒は風鈴の本体を手で持ち、ふってみせますが、カタカタとかわいた音が出るばかりで、きれいな音は鳴りません。

「これ、展示台からはずして持って帰ってきたとたん、いい音が出なくなっちゃったの。」

一方瞬は一年生の作品、糸電話を取り出しました。Ⓐ**つたない**ぬり方ですが、色あざやかに着色されています。

「あこわれちゃったの？　じゃあ、糸電話で遊ぼう。」

真緒は庭に出て、窓から通した糸電話で、部屋の中の瞬と会話をはじめました。

ところが同じ距離でも横にまがると相手の声がⒷ**とだえます**。

学習日　／

① ――あ瞬が「こわれちゃったの？」と言ったのは何についてですか。文章中から探して二文字で書きましょう。

［　］［　］

② 糸電話は、どんなときに音が伝わらなくなりますか。□に当てはまる言葉を文章中から探して書きましょう。

糸が［　　］、どこかに当たって［　　］したとき。

③ 真緒の風鈴の音が悪かった原因はなんですか。□に当てはまる言葉を文章中から探して書きましょう。

風鈴の［　　］を手で持ってゆらしていたこと。

糸電話と風鈴

近づきすぎても、相手の声は聞こえません。

ふたりは先生に助けを求めました。

「糸電話が聞こえなくなった理由ね。恭太くん、ふたりに教えてあげて。」

「よし、恭太様がこの状況に**終止符を打って**あげよう。」

恭太は庭に出ました。

「ほら、横にまがると、糸が窓わくに当たるだろ？　糸はぴんとのばして、どこにもふれないようにしないとだめなんだ。」

瞬が恭太に聞きます。

「どうして？」

「え？　そりゃ、声が届かなくなるからさ。」

次は真緒がたずねます。

「どうして届かなくなるの？」

「どうしてって……。ああ、あのさ、声がふにゃぁってなるんだよ。」

恭太はⓒ**取りつくろう**ように言い、うまく説明する方法を**模索**します。

ユイ先生が窓から顔を出しました。

「糸電話では、音が糸の振動によって伝わるから、糸がたるんだり、どこかに当たって振動が止まったりしたら、音が伝わらなくなるんだよ。」

恭太が続けて言いました。

「そうか！　真緒の風鈴がいい音じゃなくなったのも同じ理由だよ。風鈴の本体を手で持ってゆらしていたからだ。」

真緒はひもを持って風鈴をゆらし、きれいな音をひびかせました。

言葉の問題にチャレンジ！

次の言葉の意味に合うものを選び、記号に○をつけましょう。

Ⓐ **つたない**
- ア　はっきりしない様子。
- イ　かわいらしい様子。
- ウ　技術が未熟である様子。

Ⓑ **とだえる**
- ア　返事をする。呼びかけにこたえる。
- イ　途中で消える。続いていたものがなくなる。
- ウ　音が小さくなる。かすかになる。

Ⓒ **取りつくろう**
- ア　あせる。あわてる。
- イ　世話をする。
- ウ　外見だけを整え、都合の悪いことをごまかす。

こたえは113ページ

なぞ23

もちの重さ

ある日、恭太のお母さんが、新米をもらってもちをつきました。

恭太はそのもちを塾に持っていくことにしました。塾のみんなが焼きもちを食べられるように、七輪をかかえたお母さんもいっしょです。ふたりはあんこやきな粉も持っていき、**至れりつくせり**のもてなしです。

恭太はつきたてのもちをみんなに見せました。

「オレも、おもちを丸めるのを手伝ったんだぜ。意外にむずかしくて、ちょっと母さんのⒶ**足を引っぱった**けれど……。」

恭太のお母さんは申し訳なさそうにみんなに言いました。

「ごめんね、形がちょっと不ぞろいになっちゃった。でも、食べやすいように、すべて三十グラムずつにしてあるからね。」

七輪の炭に火がつくと、恭太はあみの上にもちを並べました。

瞬はやわらかいもちを、おはしでおしつぶします。

「わあ、大きくなった！　あ五十グラムくらいかな！」

早希は瞬に言いました。

「重さは変わらないよ。」

「でも大きいよ。大きいほうが重いでしょ。」

早希がおもちを横にして見せました。

学習日　／

① ―あ瞬が、「五十グラムくらいかな！」と言ったのはなぜですか。□に当てはまる言葉を文章中から探して書きましょう。

はしでおして、もちが［　　］ので、［　　］が変わったと考えたから。

② 恭太が塾に持ってきて焼いた大きくふくらんだもちと、焼く前のもちは、重さは同じですか。合うほうに○をつけましょう。

同じ・ちがう

なぞ23　もちの重さ

「ほら、おして大きくなったぶん、横から見たらうすくなっているでしょ。」

すると、もちがふくらんできました。**案の定**、瞬は喜びます。

「上から見ても横から見ても大きいよ！　これ、百グラムくらいあるんじゃない？」

それを聞いたユイ先生がはかりを持ってきました。

「じゃあ、重さを量ってみよう。」

瞬は三十グラムか百グラムか、真剣な**面持ち**で重さを量ります。Ⓑ**若干**の誤差はあるものの、瞬のもちも、他のみんなのもちもすべて、約三十グラムでした。がっかりする瞬に先生が言いました。

「ものの形が変わっても、重さは変わらないんだよ。瞬くんだって体重計の上で、立っても座っても体重は同じでしょ？」

「あ、そっか。あーあ、大きいおもち食べたかったな。」

「瞬ってば、Ⓒ**あつかましい**。食いしんぼうだなあ。」

早希がからかいます。恭太は、瞬のお皿にもちを入れてあげました。

「おもちはいっぱいあるからな。たくさん食べていいんだよ。」

「恭太くん、ありがとう！」

みんなで楽しく、もちをたくさん食べました。

言葉の問題にチャレンジ！

次の言葉の意味に合うものを選び、記号に○をつけましょう。

Ⓐ **足を引っぱる**

- ア　油断しているところをねらわれて、失敗させられる。
- イ　足が思うように動かなくなる。
- ウ　人のじゃまをする。ものごとがうまく進むのをさまたげる。

Ⓑ **若干**

- ア　ときには。たまには。
- イ　かなり。だいぶ。
- ウ　少し。いくらか。

Ⓒ **あつかましい**

- ア　えんりょのない様子。ずうずうしい様子。
- イ　勇気があって堂々とした様子。
- ウ　おなかが減っている様子。

←こたえは113ページ

なぞ24

ケーキの型

今日は、恭太と早希、年長のふたりだけの㋐特別授業です。

ユイ先生はふたりを連れて、先生の友だちの景子さんが店長を**務めて**いるケーキ店にやってきました。

三人は特別に厨房に入れてもらいます。あたりを見まわしてみると、厨房の中には、さまざまな調理器具が並んでいます。

恭太は茶色のなべを指さしました。

「あれ、見たことある。三丁目にあるだし巻き卵の専門店も、あの色のフライパンを使っているんだよ。きっとプロ愛用の品なんだな。」

ここに来ることになったのは、早希が「カヌレが上手に焼けなくて**ざせつ**したの。どうしたらいいかな？」と先生に相談したからです。

カヌレはフランスの伝統菓子で、外側はあまいみつがこげて黒く見え、内側はふっくらやわらかい、おいしいお菓子です。

「何度焼いても、きれいに焼けるところと焼けないところができるの。」

たしかに早希の持ってきたカヌレは、中までしっかり火が通っているようですが、外側は黒くなっているところとなっていないところがあって、まだら模様です。

学習日　／

① ──㋐今日の特別授業はどこで行われましたか。□に当てはまる言葉を文章中から探して書きましょう。

ユイ先生の友だちの［　　　　］が店長をしているケーキ店。

② なべやフライパンなど、調理に使う道具をまとめてなんといいますか。文章中から探して四文字で書きましょう。

［　｜　｜　｜　］

③ シリコンの型のいいところはどんなところですか。□に当てはまる言葉を文章中から探して書きましょう。

［　　　　　　　　］ところ。

なぞ24 ケーキの型

先生が景子さんに言いました。

「お菓子のことはわたしが教えるより、Ⓐ**玄人**に任せたほうがいいと思ったの。景子先生、よろしくね。」

「任せて。わたしはお菓子づくりをⒷ**なりわい**としているから、**もっぱら**おいしくお菓子をつくることばかり考えているの。」

景子さんは早希のカヌレを見ながら、早希に聞きました。

「カヌレはね、材料以上に生地を入れる型をⒸ**あなどって**はいけないの。早希ちゃんはどんな型を使っているの？」

早希が持ってきたのはシリコンの型です。

「シリコンはやわらかくてあつかいやすいけれど、金属の型に比べると熱が伝わりにくいから、うまく焼き色がつかないのよね。早希ちゃんのカヌレがまだら模様になるのは、熱が均等に生地に伝わっていないからかも。」

恭太が景子さんに質問します。

「型が何でできているかによって熱の伝わり方がちがうの？」

景子さんはいろんな型を出してきました。

言葉の問題にチャレンジ！

次の言葉の意味に合うものを選び、記号に○をつけましょう。

Ⓐ **玄人**
- ア 学問や技術を教える人。
- イ 専門家。あるひとつのことに熟練している人。
- ウ 職人。手先の技術でものをつくっている人。

Ⓑ **なりわい**
- ア 特技。自信を持ってできること。
- イ 仕事。職業。
- ウ できあがるまでの順序。

Ⓒ **あなどる**
- ア 大声でひどい悪口を言う。
- イ 相手をたいしたことがないと思って、軽く見る。
- ウ 相手をばかにして、はじをかかせる。

こたえは114ページ

「そうなの、それぞれ性質がちがうのよ。カヌレの型の材質は、アルミやステンレス、銅などいろいろあるけれど、どれが一番熱が伝わるのが速く、均等に広がっていくと思う？」

恭太と早希は、それぞれの型を持ったり、ひっくり返したりして見てみます。

早希はため息をつきました。

「（い）わからないなあ。このふたつの銀色の型なんてそっくりだし……。」

ユイ先生がふたりに耳打ちします。

「ヒントを出してあげる。厨房の中をよく見て、家の台所とちがう部分を見つけてごらん。」

ふたりは周りを見まわしました。早希が首をひねります。

「厨房の中？ Ⓓ**漠然**としたヒントだなあ。」

恭太の目がきらりとかがやきます。

「家とちがうところ……、ここはあまいにおいがします！」

早希がふき出しました。

「それは関係ないでしょ。家だってお菓子をつくった日は、あまいにおいがするよ。」

早希は注意深く、あたりを観察します。

特徴的なのは、恭太が最初に見つけた茶色いなべです。

早希が言いました。

「家のキッチンに比べて、茶色のなべやボウルが多い気がします。だった

4 ——（い）早希が、「わからないなあ」と言ったのは、何についてですか。□に当てはまる言葉を文章中から探して書きましょう。

アルミやステンレス、銅など、カヌレの型の材質のうち

[　　　　　]

均等に広がっていくかについて。

5 早希が厨房の中を観察して見つけた茶色のなべやボウルは、なんの材質でできていると考えられますか。□に書きましょう。

[　　　]

6 恭太は、早希がつくったカヌレを食べたことがありますか。はい、いいえのどちらか、合うものを選んで○をつけましょう。

はい・いいえ

らカヌレ型も、同じ色の型がいいのかな？」

景子さんは茶色の型を取り上げます。

「正解！ これは銅の型。銅は金属の中でも熱の伝わり方が均一で素早いから、プロの料理ではよく使うの。」

そのあと、景子さんはおいしいカヌレを焼いてくれました。ユイ先生が紅茶をいれて、四人でティータイムです。カヌレを一口かじった恭太はおどろきました。

「早希のよりおいしい。」

「当たり前でしょ！」

「**病みつき**になりそう。やっぱり**もちはもち屋**だな」

早希がほおをふくらませます。

「プロの人にそんなこと言うなんてⒺ**厚顔無恥**だよ！ 言葉をⒻ**つつしみ**なよ！」

「おほめに預かり、**身に余る**光栄です。」

景子さんは恭太の発言を笑って許してくれました。

言葉の問題にチャレンジ！

次の言葉を正しい意味で使っている文を選び、記号に○をつけましょう。

Ⓓ 漠然

ア 彼女はあまりにもおどろいて漠然とした。

イ 母の話は漠然としていた。

ウ 彼のこたえはいつも漠然としていてわかりやすい。

Ⓔ 厚顔無恥

ア 彼は昔の厚顔無恥な行いをはじた。

イ 彼女は数学に関しては厚顔無恥だ。

ウ 祖父は厚顔無恥をいだいている。

Ⓕ つつしむ

ア 客は店員につつしんだ。

イ そんなことを言うのはつつしんでもらいたい。

ウ お世話になった先生にお礼をつつしむことにした。

こたえは114ページ

なぞ25 ゴムの性質

今日、塾はお休みです。

恭太は友だちと待ち合わせている弥生川へ向かっています。割りばしと輪ゴムでつくったピストルで、空きかんを打って点数を競う予定です。

「今回つくったピストルはゴムも強力だからな。絶対勝つぞ。」

Ⓐ**発奮**している恭太が横断歩道をわたって、弥生川の堤防に上がる階段に着いたとき、ちょうど堤防の上を真緒が走っているのが見えました。

「おーい真緒！　あっ、危ない！」

真緒は何かにつまずいて、転んでしまいました。

「きゃっ。」

「真緒！　うわっ、なんだ⁉」

真緒が転んだ瞬間、小さな何かが、大量に堤防の上から飛び出しました。

それはすごいスピードでばらば

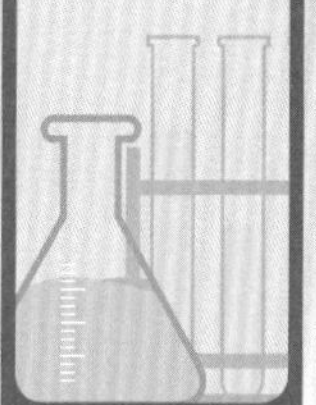

学習日　／

①恭太のピストルは何でできていますか。材料をふたつ書きましょう。

②真緒が転んだとき、恭太はどこにいましたか。合うものを選んで記号に○をつけましょう。

ア　横断歩道

イ　階段の下

ウ　階段の上

③真緒が転んだ瞬間、どんなことが起こりましたか。□に書きましょう。

らと飛んでいき、堤防の下に落ちて見えなくなりました。

真緒のことが心配で、階段をかけ上がった恭太には、その動くものが何か、ちゃんと**認識**できませんでした。

「今の、なんだ？　すごいスピードで飛び出したな。」

堤防に上がると真緒は泣いていました。

「真緒、大丈夫か？　どこか痛いのか？」

真緒は首を横にふります。どうやら大きなけがはしていないようです。

「ひくっ、ひっ。恭太くん……あの……。」

真緒は何か言いたそうですが、Ⓑ**おえつ**していてうまく話せません。泣いている子に説明をⒸ**強いる**わけにもいかず、恭太は真緒のとなりに座りました。

「真緒、ほら、ハンカチ。」

真緒はだまってハンカチを受け取りました。

恭太は、さっきの「飛び出した小さいもの」について、考えました。

（紙テープが飛び出すクラッカーみたいなものかな。でも音はしなかったし……。真緒が転んだのと同時に飛び出してきたから、真緒が持っていたものかな？　でもあんなスピードの出るもので、小さなものって……なんだったんだろう。）

すると、階段の下から、背が高くて、おしゃれな服装の**粋**な男の人が近づいてきました。

言葉の問題にチャレンジ！

次の言葉の意味に合うものを選び、記号に○をつけましょう。

Ⓐ **発奮**

ア　気持ちをふるい立たせること。

イ　努力をすること。工夫をこらすこと。

ウ　興奮して落ち着きを失うこと。逆上すること。

Ⓑ **おえつ**

ア　声を上げて激しく泣くこと。

イ　声をつまらせて泣くこと。

ウ　吐き気をこらえること。

Ⓒ **強いる**

ア　無理やりさせる。強制する。

イ　いじめて苦しめる。

ウ　ひどいあつかいをする。

こたえは115ページ

「おーい、これ、君たちのものじゃない？」

「え？」

男の人が持っていたのは、大小さまざまなスーパーボールでした。

「あっ、スーパーボールだ。これ、真緒が持っていたの？」

恭太がたずねると、真緒がうなずきました。

真緒は知らない男の人にⒹ**臆して**いるようで、小さい声で言いました。

(あ)「ありがとう。」

男の人は、Ⓔ**鷹揚**に言いました。

「いきなり飛んできたから、びっくりしたよ。」

「ごめんなさい。手に持って走っていたら転んじゃったの。ちゃんとふくろに入れておけばよかった。こんなにはねるとは思わなかった。」

「気にしないで。人は失敗を**経て**成長するものだよ。」

真緒はポケットからたくさんのスーパーボールを出しました。

「これ、親せきのおじさんにもらったの。」

恭太は真緒の手からスーパーボールをひとつ取りました。

「そうか、スーパーボールだったのか。どうりでものすごく飛びはねたはずだ。でも……スーパーボールって不思議だよな。ビューンってはねる。小さいのに重いし……。」

男の人が言いました。

「スーパーボールがよくはねる理由を教えてあげよう。理科の勉強にもなるよ。」

4 ――(あ)真緒が「ありがとう」と言ったとき、小さな声だったのはなぜだと考えられますか。合うものを選んで記号に○をつけましょう。

ア 相手が知らない男の人だから。
イ 転んで痛かったから。
ウ スーパーボールを取られると思ったから。

5 真緒の親せきのおじさんが真緒にくれたスーパーボールは、すべて同じ大きさですか。はい、いいえのどちらか、合うものを選んで○をつけましょう。

はい・いいえ

6 スーパーボールがはねるしくみと同じしくみを利用したおもちゃには、何がありますか。文章中から探して八文字で書きましょう。

恭太と真緒が不思議そうな顔をすると、男の人は言いました。

「ぼく、実は理科が得意なんだ。ふたりは、スーパーボールが何でできているか知っているかい？」

恭太がこたえます。

「ゴム？」

「そう、正解。ゴムは弾性にⒻ**長けて**いるんだ。」

「だんせい？」

真緒が聞き返しました。

「ゴムはのばされたり、縮められたり、形を変えられたときの、元にもどろうとする力が強いんだ。スーパーボールは地面や壁にぶつかってぎゅっと縮むと、すごい勢いでもどろうとしてはねるんだよ。君が持っているその割りばしピストルも、ゴムの働きを利用したおもちゃなんだ。」

男の人はうで時計を見ました。

「おっと、打ち合わせを**中座**してきたんだった。じゃ、またね。」

「ありがとうございました。」

恭太と真緒は手をふって、男の人を見送りました。

言葉の問題にチャレンジ！

次の言葉を正しい意味で使っている文を選び、記号に○をつけましょう。

Ⓓ 臆する

ア 予想外の観客の多さに臆してしまった。

イ 貴重品は大切に臆してください。

ウ 妹は社交的で知らない人にも臆する。

Ⓔ 鷹揚

ア 彼は鷹揚にダッシュしてきた。

イ 彼女はピアノの経験を鷹揚した。

ウ 社長は鷹揚に構えていた。

Ⓕ 長ける

ア 彼女は楽器の演奏に長けている。

イ ゴムがのびて長けた。

ウ なべにご飯が長けている。

こたえは115ページ

なぞ21 こたえと解説

川の写真 96〜99ページ

【96・97ページ】

①ア

解説
96ページ3行目に「飯田塾は、恭太の家のとなりにある学習塾です」とあり、こたえがわかります。

②四（4）

解説
96ページ9〜12行目に、恭太以外の塾のメンバーは先に来ていたこと、そしてそのメンバーの名前がすべて書かれています。

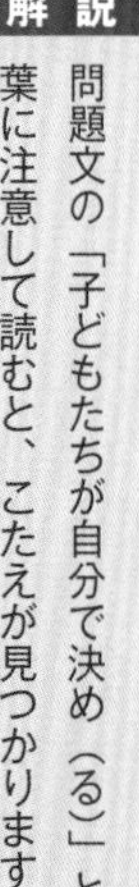

③その日勉強する内容

解説
問題文の「子どもたちが自分で決め（る）」という言葉に注意して読むと、こたえが見つかります。

言葉の問題にチャレンジ！

Ⓐア　Ⓑイ　Ⓒイ

言葉の学習

お話に出てきた言葉の意味を確かめましょう。

理念……あるものごとについてこうあるべきだという、基本の考え方。

トレンド……流行。

【98・99ページ】

④（お）はし

解説
98ページ4行目にこたえがあります。

⑤ウ

解説
「早希のするどい指摘」（98ページ15行目）がどんなものかは、それより前に書かれています。

⑥上流

解説
99ページ2・3行目に「下流に近づくにつれてだんだん川のはばも広く、見通しもよくなってくる」とあります。その文から、逆に川のはばがせまく、見通しがよくないのは上流だと判断できます。

言葉の問題にチャレンジ！

Ⓓイ　Ⓔイ　Ⓕア

解説
「辟易」は「相手の勢いにおされてうんざりすること」、「いささか」は「わずか。少し」、「もくろみ」は「計画」という意味です。

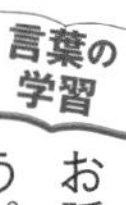

言葉の学習

お話に出てきた言葉の意味を確かめましょう。

エピソード……人やものごとについての、ちょっとしたおもしろい話。

皆目……（打ち消しの語をともなって）まったく。全然。

理科の解説

川の流れる場所は、主に山の部分の上流、平野の部分の中流、河口近くの下流に分かれます。川や川原の石の様子には、上流と下流とでちがいがあります。上流は、川のはばがせまく、流れが速くなっています。川原の石はごつごつと角ばった大きなものが多く見られます。一方、下流は、川のはばが広く、流れはおそくなっています。川原の石は、丸く小さなものが多く見られます。

こたえと解説

糸電話と風鈴 100・101ページ
もちの重さ 102・103ページ

【100・101ページ】

① 風鈴

解説
瞬の「こわれちゃったの?」（100ページ10行目）の直前には瞬がつくった糸電話のことが書かれていますが、「糸電話で遊ぼう」と言っており、こわれたのは糸電話ではないとわかります。それより前を探してみましょう。

② たるんだり・振動が止まったり

解説
101ページ16・17行目のユイ先生の説明を注意して読みましょう。

③ 本体

解説
101ページ19・20行目に、風鈴がいい音を出さなかった理由が書かれています。

言葉の問題にチャレンジ!

Ⓐ ウ
Ⓑ イ
Ⓒ ウ

言葉の学習
お話に出てきた言葉の意味を確かめましょう。
終止符を打つ……終わりにする。
模索……手探りでものを探すこと。

理科の解説
音は、空気が振動する（ゆれ動く）ことによって伝わります。ある物体が振動すると、その振動が空気を振動させます。この空気の振動が耳に伝わり、音として聞こえます。
振動が大きくなると、音は大きくなります。

【102・103ページ】

① 大きくなった・重さ

解説
102ページ13～16行目で、瞬は、もちをはしでつぶして「大きくなった! 五十グラムくらいかな!」と言い、早希に「重さは変わらないよ」と言われたあとも、「大きいほうが重いでしょ」と発言しています。瞬のまちがった理解を整理しましょう。

② 同じ

解説
103ページ14行目で、ユイ先生が「ものの形が変わっても、重さは変わらないんだよ」と述べています。

言葉の問題にチャレンジ!

Ⓐ ウ

Ⓑ ウ

Ⓒ ア

言葉の学習
お話に出てきた言葉の意味を確かめましょう。
至れりつくせり……すべてに心づかいが行き届いている。
案の定……思った通り。
面持ち……感情が表れた顔つき。

理科の解説
ものには、お話に出てきたもちや、粘土などのように、形を変えることができるものがあります。しかし、ものの形が変わっても、全体の量を増やしたり減らしたりしなければ、重さは変わりません。

こたえと解説

ケーキの型 104～107ページ

【104・105ページ】

①景子さん

解説 特別授業がどこで行われたかについては、104ページ2・3行目に書いてあります。

②調理器具

解説 調理に使う道具を四文字で表している言葉を探しましょう。

③やわらかくてあつかいやすい

解説 シリコンの型については、景子さんが105ページ15・16行目で説明しています。

言葉の問題にチャレンジ！

Ⓐイ Ⓑイ Ⓒイ

言葉の学習 お話に出てきた言葉の意味を確かめましょう。

務める……役目を受け持つ。

ざせつ……計画や仕事などが途中でだめになり、気力を失うこと。

もっぱら……そのことだけに集中する様子。

【106・107ページ】

④どれが一番熱が伝わるのが速く

解説 早希の「わからないなあ」（106ページ7行目）という言葉の前に、景子さんによる問いかけがあります。

⑤銅

解説 茶色のカヌレ型が銅でできており、景子さんが銅の性質の長所を述べた上で「（銅は）プロの料理ではよく使うの」と言っていたことから判断できます。

⑥はい

解説 お話の中に恭太が早希のカヌレを食べる場面は登場しませんが、景子さんのカヌレをかじって「早希のよりおいしい」（107ページ9行目）と言ったことから、早希のカヌレを食べたことがあるとわかります。

言葉の問題にチャレンジ！

Ⓓイ Ⓔア Ⓕイ

解説 「漠然」は「ぼんやりしてはっきりしない様子」、「厚顔無恥」は「あつかましい様子。ずうずうしい様子」、「つつしむ」は「まちがいがないように行動をひかえめにする」という意味です。

言葉の学習 お話に出てきた言葉の意味を確かめましょう。

病みつき……ひとつのことに集中してやめられなくなること。

もちはもち屋……ものごとにはそれぞれ専門家がいて、素人はかなわないこと。

身に余る……自分にはもったいない。

理科の解説

金や銀、銅、鉄、アルミニウムなどの金属は、熱をよく伝えます。

金属を熱すると、熱したところから順に全体に伝わり、金属全体があたたまります。これを「伝導」といいます。

なぞ25 こたえと解説

ゴムの性質 108～111ページ

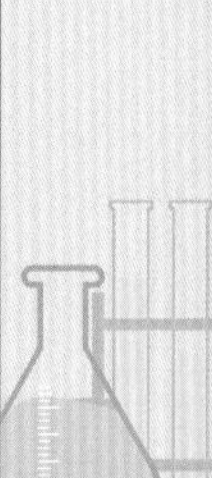

【108・109ページ】

① 割りばし・輪ゴム

解説
108ページ2・3行目に「割りばしと輪ゴムでつくったピストル」とあります。

② イ

解説
「真緒は何かにつまずいて、転んでしまいました」（108ページ10・11行目）の前後を注意深く読みましょう。恭太が「堤防に上がる階段に着いたとき「堤防の上を真緒が走っているのが見え」（108ページ5～7行目）、真緒が転んだあとに、恭太は「真緒のことが心配で、階段をかけ上がっ」（109ページ2行目）ています。

③ 小さな何かが、大量に堤防の上から飛び出した。

※内容が合っていれば正解です。

解説
108ページ14行目の「真緒が転んだ瞬間」という言葉に注目して探すと、こたえが見つかります。

言葉の問題にチャレンジ！

Ⓐ ア　Ⓑ イ　Ⓒ ア

言葉の学習

お話に出てきた言葉の意味を確かめましょう。

認識……ものごとを見分け、理解して、正しく判断すること。

粋……身なりや態度がすっきりして上品なこと。

【110・111ページ】

④ ア

解説
110ページ6行目を読むと、真緒の声が小さかった理由がわかります。

⑤ いいえ

解説
110ページ3行目で、真緒のスーパーボールをひろってくれた男の人が手にしていたのは「大小さまざまなスーパーボール」だったことに注意しましょう。

⑥ 割りばしピストル

解説
111ページ13～15行目の男の人の言葉の中に、こたえがあります。

言葉の問題にチャレンジ！

Ⓓ ア　Ⓔ ウ　Ⓕ ア

解説
「臆する」は「気おくれする。しりごみをする」、「鷹揚」は「ゆったりふるまうこと。余裕があること、またその様子」、「長ける」は「あることにすぐれている」という意味です。

言葉の学習

お話に出てきた言葉の意味を確かめましょう。

経る……ある段階や場所を通る。時間がたつ。

中座……会議などの途中で席を立つこと。

理科の解説

ゴムには、のびたり縮んだりすると、元の形にもどろうとする性質があります。

お話に出てきた恭太の割りばしピストルは、このようなゴムの性質を利用したおもちゃです。輪ゴムをのばして割りばしにひっかけ引き金を引くと、のびた輪ゴムが元の形にもどろうとする力が働き、輪ゴムが飛んでいきます。

もっと理解を深めよう

なぞ21 川の上流と下流

96～99ページ

川の上流は、川のはばがせまく、流れも急です。このような場所では、川の岸をけずる働き（しん食）や、けずり取った岩などを運ぶ働き（運ぱん）が強くなります。しん食のため、川の上流には、岸からけずり取られてできた、角ばった大きな石がたくさん見られます。

角ばった大きな石の一部は、運ぱんによって、下流に運ばれます。運ばれている間に、いろいろな場所に当たってくだかれ、小さくなります。また、川の中を転がっている間に角が取れ、丸くなります。

丸くなった石や、細かくくだかれてできた砂が運ばれた川の下流は、はばが広く、流れがゆるやかです。このような場所では、運んできた石や砂を積もらせる働き（たい積）が強くなります。そのため、川の下流には、丸い小さな石や砂が多く見られるようになります。

なぞ22 音の伝わり方

100・101ページ

わたしたちがふだん聞いている音は、物体の振動が空気によって伝わってきたものです。友だちの話を聞いているときを例に、音の伝わり方を考えてみましょう。

友だちが声を出すときには、のどにある声帯という部分がふるえ、この振動が空気をふるわせます。空気のふるえは、わたしたちの耳に伝わり、耳の中にあるこまくというまくをふるわせます。わたしたちは、このこまくの振動を音として聞いているのです。そのため、空気のない宇宙では、音が伝わりません。

音を伝えることができるのは、空気だけではありません。糸や鉄など、空気以外のいろいろなものが、音を伝えます。

空気以外のもので音を伝える道具に、糸電話があります。糸電話の糸をぴんと張ると、糸が音の振動を伝えるため、話ができます。しかし、糸をゆるめたり、糸の途中を指でつまんだりすると、音の振動が伝わらなくなるため、話ができなくなります。

<声が聞こえるしくみ>

②空気のふるえが伝わる。

①声帯がふるえる。

③こまくがふるえ、音を感じる。

<糸電話のしくみ>

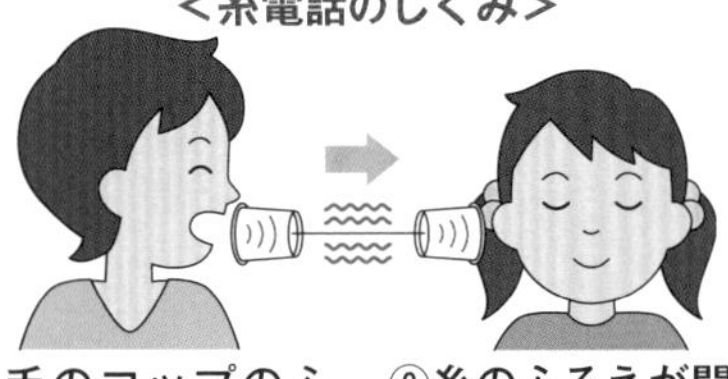

①話し手のコップのふるえが糸をふるわせる。

②糸のふるえが聞き手のコップのふるえになる。

おさらい！理科クイズ

川の下流では、主にどのような石が見られるでしょう？

1 四角や丸などいろいろな形で、大きさもちがう石が見られる。

2 角ばった大きな石がたくさん見られる。

3 丸く小さい石がたくさん見られる。

←こたえは141ページ

94ページのこたえ 1

支点と力点の距離が支点と作用点の距離より長いと、小さな力でものを動かせます。

6章 さようなら、飯田塾!?

今日も飯田塾で楽しく元気に勉強する恭太たち。

ところがある日、飯田塾がなくなってしまうかもしれない、といううわさを耳にします。

そんなとき、塾の周りをうろうろする男性を見かけた恭太。

この男性の正体とは?

恭太たちの大好きな飯田塾は、本当になくなってしまうのでしょうか。

なぞ26

宇宙のりんご

恭太が塾に行くと、あ早希、瞬、真緒が手紙を読んでいます。

「ケーキ店の景子さんに、この間のお礼の手紙を書いたの。それでついでに質問したの。『りんごやバナナは家で切るとすぐに茶色くなってくるのに、ケーキの上にのっているフルーツが長時間きれいなのはどうしてですか？』って。そうしたら、こたえのかわりにクイズが返ってきて……。」

早希は続けてクイズを読み上げました。

【月にいる宇宙飛行士が月面でりんごとバナナを切ってそのまま忘れていましたが、だいぶ時間がたっても、りんごとバナナの切り口の色は変わりませんでした。どうしてでしょう？】

「宇宙飛行士がりんご切るの？何それ、Ⓐ**虚構**の話？」

ユイ先生が言います。

「クイズの**意図**を考えてみて。

学習日 ／

① ―あ早希、瞬、真緒が読んでいた手紙は、だれからのものですか。文章中から探して□に書きましょう。

□

② 月が光って見えるのはなぜですか。早希の言葉を参考に、こたえましょう。

□

③ ケーキの上にのっているフルーツが長時間きれいな理由はなんですか。□に当てはまる言葉を文章中から探して書きましょう。

シロップやはちみつなどで□し、□にふれないようにしているから。

月と地球のちがいは？」

「月のほうが小さい！」

「光っている！」

　瞬と真緒が手を挙げてこたえます。早希が真緒に教えてあげます。

「月は自分で光っているんじゃない、太陽の光を反射しているだけだよ。」

「月と地球のⒷ**雲泥の差**といえば？　地球にあって月にないものは何？」

　先生のヒントで、恭太は月と地球のⒸ**顕著**なちがいに気づき、胸を張って言いました。

「はい！　月には水がない！」

「恭太くん、おしい！」

「空気がない！」

「早希ちゃん、正解！　りんごやバナナは空気にふれると茶色く変色するの。だからクイズの中で、りんごとバナナが変色しなかったのは、月に空気がないからだよ。」

　早希が正解しておもしろくない恭太は、**水を差す**ように言いました。

「でもケーキ店に空気、あったよ。お店は真空じゃなかったじゃないか。」

　先生が教えてくれます。

「お店ではケーキの上のフルーツをシロップ**ないし**はちみつにつけて表面をコーティングし、空気とフルーツがふれ合わないようにしているの。」

「なるほど。さっそくクイズのこたえを書いて、返事を出すね。」

　恭太たちもいっしょに、いろんなくだものの絵を手紙にかきました。

言葉の問題にチャレンジ！

次の言葉の意味に合うものを選び、記号に○をつけましょう。

Ⓐ 虚構
- ア 全体を形づくっているしくみ。
- イ 未来のできごと。これから起こること。
- ウ 事実ではないことを事実であるようにつくりあげたもの。つくりごと。

Ⓑ 雲泥の差
- ア ものごとのありのままの真実。
- イ ふたつのものに、わずかなちがいしかないことのたとえ。
- ウ ふたつのものに、大きなちがいがあることのたとえ。

Ⓒ 顕著
- ア 有名な様子。
- イ 目立って、はっきりしている様子。
- ウ 目立たない様子。ひっそりしている様子。

こたえは136ページ

なぞ 27

お湯で天ぷら？

学習日　／

早希と真緒が料理の本を見ています。

真緒は最近早希の影響を受けて、料理に興味を持ちはじめました。

「昨日、半熟卵をつくろうと思ったのに、火を止めるのを忘れて固ゆで卵になっちゃった。」

真緒は、次は天ぷらを自分であげて食べたいのだそうです。

早希は真緒に、油をあつかう難しさをⒶ**説こう**とします。

油を下水に流したら川がよごれてしまう、と話したところ、真緒は、

「じゃあ、お湯で天ぷらをつくればいいんじゃないの？」

と言いました。

恭太が、お兄さんぶって説明します。

「真緒はⒷ**無知**だな。お湯に入れたら『ゆでる』で『あげる』にはならないよ。」

真緒は不思議そうに料理の本を指さします。

「どうしてお湯であげられないの？　お湯を180度にあたためたらいいじゃん。」

「え？　ええ？」

「恭太、うまく説明できないんでしょう。」

恭太が早希に**図星**をつかれ、Ⓒ**手を焼いて**いたところに、ユイ先生が助

① 真緒がつくったゆで卵は、なぜ固ゆで卵になったのですか。

[　　　　]

② 水を熱しても100度以上にならないのはなぜですか。□に当てはまる言葉を文章中から探して書きましょう。

水は100度で[　　　]して、[　　　]になるから。

③ 水がふっとうして気体になるとき、この気体のことをなんといいますか。文章中から探して三文字で書きましょう。

[　|　|　]

け船を出してくれました。

「じゃあ、実際にやってみよう。」

先生がなべにお湯をわかして、温度計を入れ、みんなで見守ります。お湯は100度になると、湯気がもうもう出るばかりで温度はそれ以上、上がりません。その様子を見て、恭太が言いました。

「そうか！　水は100度でふっとうして、気体になるから、お湯は減る一方で、180度にはならないんだ！」

「ずっとあたため続けていたら、お湯はどうなるの？」

真緒の質問に先生がこたえます。

「最後は**枯渇**するよ。どんどん水蒸気になっちゃうからね。」

ぐつぐつしているお湯がさっきより減っています。その様子を見て真緒は納得しました。

「そっか、ゆで卵はずっとお湯の中に入れていても、天ぷらにはならずにゆで卵のままだもんね。お湯は180度にならずに、湯気になっちゃうんだね。」

言葉の問題にチャレンジ！

次の言葉の意味に合うものを選び、記号に○をつけましょう。

Ⓐ **説く**
- ㋐ 結んであるものをほどく。
- ㋑ 問題のこたえを教える。
- ㋒ よくわかるように説明する。

Ⓑ **無知**
- ㋐ 知らないこと。知恵が足りないこと。
- ㋑ 幼いこと。子どもっぽいこと。
- ㋒ 考え方の筋道が立たないこと。

Ⓒ **手を焼く**
- ㋐ 何もしないで、なりゆきに任せる。
- ㋑ どうあつかっていいかわからず、困る。
- ㋒ 手を少し止める。

← こたえは136ページ

なぞ 28

しみこむ水

恭太は家を出たところで早希に会いました。ふたりで塾に向かいます。

「昨日の雨、すごかったね。」

「かみなり、こわかったよな。」

昨夜は冷たい秋雨が降り、雷鳴はⒶ**未明**までひびいていたのです。

「でも、雨は案外早く上がったのかも。もうアスファルトがかわいている。」

プレハブ小屋の前で、ⓐユイ先生が頭をかかえています。その様子を見て早希がおどろいて立ち止まったので、Ⓑ**必然**的に恭太が声をかけました。

「先生、どうしたの？」

近づくと、ふり返った先生の後ろに瞬と真緒が立っていて、瞬だけ足がどろだらけです。

早希が目を丸くしました。

「どうして瞬は、どろだらけなの？」

「瞬くんと真緒ちゃんが、わたしより先にここに来たらしいんだけど、待ちきれずにそれぞれ公園に遊びにいったんだって。で、一通り遊んで

学習日 ／

① ⓐユイ先生が頭をかかえていたのはなぜですか。

ア 瞬の足がどろだらけだから。

イ 真緒の足がどろだらけだから。

ウ 瞬と真緒の足がどろだらけだから。

② ユイ先生が来るまでに瞬がしたことはなんですか。合うものすべてに○をつけましょう。

□ 真緒といっしょに公園に遊びにいった。

□ 五月公園に行った。

□ アキラくんと散歩をした。

□ ブランコに乗った。

帰ってきて、わたしがここに着いたときはこの**有り様**で……。」

「瞬はどろ遊びでもしたの？」

　恭太が笑って言うと、瞬が言い訳します。

「ちがうよ。五月公園に行ったら、犬の散歩をしているアキラくんに会って、いっしょに公園を一周散歩しただけで帰ってきたんだ。」

「わたしは葉月公園。わたしも、ブランコに乗っただけで帰ってきたよ。」

　どちらも塾からすぐの公園です。

「とりあえず、瞬くんの足、洗おうか。みんな中に入りましょう。」

　プレハブ小屋に入って、先生がやかんでお湯をわかしている間、真緒がⓒ**いぶかる**ように言いました。

「わたし、なんともないのになぁ、どうして瞬だけどろんこなんだろ？」

　先生が窓の外を見ます。

「場所によって、水はけのよさがちがうからよ。五月公園は雨のあと、毎回水がなかなか引かないよね。」

「水はけって何？」

「いい質問だね。」

　先生が透明なプラスチックのコップとスコップを持ってくると、恭太と早希に**お鉢が回って**きました。

「水のしみこみ方がわかる実験をしよう。恭太くんと早希ちゃん、葉月公園と五月公園の土をそれぞれ取ってきてくれる？」

言葉の問題にチャレンジ！

次の言葉の意味に合うものを選び、記号に○をつけましょう。

Ⓐ **未明**
ア 日が暮れて、しばらくしたころ。
イ 真夜中。深夜。
ウ 明け方。夜が明けきらないころ。

Ⓑ **必然**
ア 思いがけないこと。思いがけなく起こること。
イ たまたま起こること。
ウ 必ず起こること。当然そうなること。

Ⓒ **いぶかる**
ア 不思議に思う。あやしく思う。
イ 興味をひかれる。わくわくする。
ウ 深く考えないでものごとを行う。

こたえは137ページ

早希がさっとコップを取りました。

「じゃ、わたし、真緒の行った葉月公園ね。」

「ずるいぞ！　近いほうを先に取ったな。」

ⓘ「そうだっけ？　葉月公園が好きなだけだよ。」

早希はそうⒹ**うそぶく**と、走っていきました。

「ちぇっ。その上、五月公園は、どろだらけときたもんだ。」

恭太は五月公園に行って、どろどろの粘土のような土を入れました。もどってくると、先に帰った早希が別のコップに庭の小石を入れています。集まった土は三種類。小石と、細かい砂と、粘土のような土です。

恭太と早希が土を集めている間に、先生と瞬と真緒は、水性ペンで三枚の紙に**愛嬌**のある恐竜の絵をかいていました。

ユイ先生（ユイケラトプス）	塾の庭の小石
真緒（マオマオドン）	葉月公園の細かい砂
瞬（シュンザウルス）	五月公園の粘土のような土

コップの底に小さな穴を開け、それぞれの紙の上に置きました。
「水を入れます。ご覧くださいませ！　ジャンジャンジャン……。」
恭太はⒺ**物々しい**口調と動作で、コップに水を注ぎます。
水は砂に**浸透**していき、ユイケラトプス、マオマオドンの順で、恐竜

3 ──ⓘ早希が「そうだっけ？　葉月公園が好きなだけだよ」と言ったときの「そう」とは、どんな内容を指していますか。□に当てはまる言葉を文章中から探して書きましょう。

葉月公園は［　　　］より［　　　］。

4 水性ペンでかいた恐竜の絵が消えていったのはなぜですか。□に当てはまる言葉を文章中から探して書きましょう。

穴から恭太が注いだ［　　　］が出て、［　　　］のにじんだから。

5 どろどろの粘土のような土はどちらですか。合うほうに○をつけましょう。

つぶが大きい土・つぶが小さい土

の絵が水でにじんで消えていきました。

恭太が消えずに残ったシュンザウルスのコップを指さしました。

「シュンザウルスの勝ちー。**とどのつまり**、瞬が歩いていたのは、水があまりしみこまない、小さいつぶの土の上だったんだ。」

先生が言いました。

「その通り。水がしみこみにくいということは、土に水がたまっている状態ってことだね。その土をふんだから、瞬くんはどろだらけになっちゃったんだ。土のつぶの大きさによって、水のしみこみ方がちがうんだよ。つぶが大きいほど早くしみこむの。」

恭太がコップの中の砂や土を捨てるために外に出たとき、黒っぽい服を着た男の人が塾の敷地内をⒻ**物色**するように見ているのに気づきました。

「あれ……この間のスーパーボールのお兄さんかな？　何をやっているんだろう……？」

恭太がよく観察しようと目をこらすと、男の人は去っていきました。

言葉の問題にチャレンジ！

次の言葉を正しい意味で使っている文を選び、記号に○をつけましょう。

Ⓓ うそぶく

ア 彼女は「そんな話、初耳だよ」と、うそぶいた。

イ 少女は両親に正直にうそぶいた。

ウ 少年はよくできたうそをうそぶいた。

Ⓔ 物々しい

ア 引き出しの中は、たくさんの文房具で物々しい。

イ 明日は遠足だと思うと物々しい。

ウ 山の上に物々しい城がある。

Ⓕ 物色

ア その本の物色はきれいだと思う。

イ 母はわたしのなやみを物色してくれた。

ウ バイキング会場でおいしそうなデザートを物色した。

← こたえは137ページ

なぞ
29 月の出る時間

恭太と早希の勉強が終わったのは午後六時半でした。瞬と真緒は先に帰っています。

ユイ先生はのびをして、自分の肩をもみます。

「うーん、Ⓐ今日はふたりともよくがんばったね。今度のテストはいい点取れるよ、きっと。」

「うん。オレ、すごくかしこくなった気がする。百点まちがいなしだ。」

臆面もなく言う恭太を見て、早希が笑います。

「テストの点数はⒶ**一朝一夕**には上がらないと思うよ。」

「大丈夫。次のテストでは、オレのⒷ**非凡**な才能にみんなおどろくぞ。」

「何を言っても**ぬかに釘**だね。帰り支度はじめようっと。」

早希はカーテンを閉めようと窓に近づきました。

「わあ、満月だ！　おだんご月だよ！」

ちょうど遠くにある電波塔のてっぺんに満月がかかって、くしにささったただんごのように見えます。

「かわいいお月様ね。」

先生も窓に近づいて、いっしょに月をながめます。

学習日　／

① ―あユイ先生が「今日はふたりともよくがんばったね」と言ったときの「ふたり」とは、だれのことですか。

［　　］［　　］

② ―い早希が写真にとろうとしている「同じ光景」とはどんな光景ですか。

［　　］

③ 早希が、月のことを「でたらめに出てきているんじゃないの」と言ったのはなぜですか。□に当てはまる言葉を文章中から探して書きましょう。

太陽のように毎日［　　］時間帯に出てこず、［　　］に見えることもあるから。

「だんご食いてぇなあ。」

「恭太ってば、食い意地が張っているなあ。次はカメラ持ってこようっと。」

三日後、早希はⓘ同じ光景を写真にとろうと**手ぐすねを引いて**待っています。

しかし空は晴れているのに、午後六時半になっても月は姿を現しません。

「もう、月ってどうしてちゃんと出てこないの！」

おこる早希に、先生はあきれたように言いました。

「月は毎日ちゃんと出てきているよ。月におこるのはⓒ**お門ちがい**だよ。」

「でも太陽みたいに毎日同じ時間帯に出てこないでしょ。昼間に見えることもあるし。でたらめに出てきているんじゃないの？」

先生は恭太と早希に新聞をわたしました。恭太が新聞をめくります。

「あっ、太陽の日の出、日の入りと同じように、月の出と月の入りも新聞にのっている。でたらめに動いているわけじゃないみたいだぞ。」

今日の月の出は、三日前より一時間半おそくなっています。

早希は不服そうに言いました。

言葉の問題にチャレンジ！

次の言葉の意味に合うものを選び、記号に○をつけましょう。

Ⓐ **一朝一夕**
- ㋐ 努力しないで。たやすく。
- ㋑ わずかの間。
- ㋒ いっしょにそろって。

Ⓑ **非凡**
- ㋐ ありふれていること。平均的なこと。
- ㋑ ふつうよりすぐれていること。
- ㋒ 生まれつき持っている才能。

Ⓒ **お門ちがい**
- ㋐ 方向についてにぶいこと。方向おんちなこと。
- ㋑ 目的にするものがまちがっていること。見当ちがい。
- ㋒ 失礼なこと。礼儀にはずれていること。

こたえは138ページ

「三日前と比べて一時間半も月の出がおそくなっている……どうりで、おだんご月にならないはずだ。でもどうして月は見える時間が大きく変わるのかな？　恭太、知ってる？」

「それはきっと、宇宙人のⒹ**陰謀**だな。」

「はあ？　何言ってんの？」

　恭太のふざけたこたえは早希の**気に障った**ようです。先生が苦笑します。

「ほらほら、今はまじめに考える時間だよ。かしこくなった恭太くんはどこへ行ってしまったの？」

「うっ……。」

　早希が本棚から月の図鑑を出してきて、ページをめくります。

「月が地球の周りをまわり、地球が太陽の周りをまわる『公転』の関係で、太陽と月の位置関係が変わるんだって。」

　先生に注意された恭太は、おとなしく文章を読みます。

「なになに？　へー、月は、毎日十二度東にずれて見えるんだ。その十二度を動くのにかかる時間は約四十八分か。」

4 地球が太陽の周りをまわることをなんといいますか。文章中から探して二文字で書きましょう。

□□

5 月の出が一日約四十八分おそくなるのはなぜですか。□に当てはまる言葉を文章中から探して書きましょう。

月は毎日□にずれて見え、その十二度を□時間が約四十八分だから。

6 恭太のお母さんが話していた「うわさ」とはどんなことですか。□に当てはまる言葉を文章中から探して書きましょう。

恭太の家のとなりの□を、持ち主である町内会長さんがだれかに□といううわさ。

「だから、月は一日約四十八分ずつ出てくるのがおそくなるんだね。」

早希の言葉に先生はうなずきました。

「もちろん月の出は、毎日きっちり四十八分ずつおくれるんじゃなくて、三十分だったり、一時間だったり時間のはばはあるけどね。決して好き勝手に動いているわけではなくて、時間がずれるのにはちゃんと理由があるんだよ。」

プレハブ小屋から出て、自分の家に入ろうとした恭太は、またまた黒っぽい服を着た男の人がいるのを、Ⓔ**めざとく**見つけました。

今回はひとりではありません。町内会の会長さんといっしょに、塾のある土地のはばを巻尺で測っています。恭太は不安になりました。

「土地のはばを測ってどうするんだろう？　会長さんがいっしょだから、勝手に土地を売ったり、**悪用**したりすることはないと思うけれど……。」

家に入り、お母さんにそのことを話すと、お母さんは何かを思い出したように、ぽんと手を打ちました。

「ああ、そうそう。おとなりの土地は会長さんのものなんだけど、どうやらだれかに売るらしいのよ。といってもⒻ**また聞き**のうわさだけどね。」

お母さんは窓を開けて、となりの塾を見ました。

「残念だけど、あのプレハブ小屋も取りこわすことになるかもね。あ、今日もきれいなお月様。」

言葉の問題にチャレンジ！

次の言葉を正しい意味で使っている文を選び、記号に○をつけましょう。

Ⓓ 陰謀

- ㋐ 彼の陰謀が明るみに出た。
- ㋑ その事件は社会に陰謀をあたえた。
- ㋒ 彼女のような陰謀があれば心強い。

Ⓔ めざとい

- ㋐ 彼はめざといので、目印を見落とした。
- ㋑ 彼女は視力がめざとい。
- ㋒ 母はめざとく息子の失敗を見つけた。

Ⓕ また聞き

- ㋐ 忘れないように、念を入れてまた聞きした。
- ㋑ また聞きなので、真実かどうかわからない。
- ㋒ 先生にわからないところをまた聞きしよう。

こたえは138ページ

なぞ30

水質と生き物

今日は夕方から秋祭りが行われます。楽しみにしている塾のみんなはずっとそわそわしています。恭太はユイ先生に言いました。

「先生、お祭りが楽しみで、オレのⒶ**なけなし**の集中力はもうゼロです！今日の勉強は終わりにしましょう。終了したい人、手を挙げて！」

全員が手を挙げました。先生が笑います。

「**満場一致**ってわけね。いいよ。みんな今日はよくがんばったし、少し早いけれど、勉強は終わりにしましょう。」

恭太は、この土地が売られて、ⓐ塾がなくなってしまうかどうか先生に聞いてみたいと思いました。けれど、Ⓑ**肯定**されるのはいやだし、お祭りを楽しみにして盛り上がっている空気をこわすこともできません。

先生はこの土地が売られそうになっていることを知っているはずなのに、そのことをⒸ**おくびにも出しません**。

「わたし、金魚すくいをしたいな。」

真緒の言葉を聞いて、早希は心配そうな顔をしました。

「真緒の家はネコを飼っているでしょう？ネコがいるおうちに、金魚がやってきたら大変なことにならないかな？」

学習日　／

① 塾のみんながそわそわしているのはなぜですか。

② ——ⓐ恭太が「肯定されるのはいや」なことはなんですか。

こと。

③ ——ⓘ恭太が「そんな薄情な！」と言ったのは何に対してですか。合うものを選んで記号に○をつけましょう。

㋐ ネコを飼っている真緒が金魚すくいをしたがっていること。

㋑ 瞬の、金魚を川に放すという提案。

㋒ つった魚を川に放すこと。

「うん。金魚は飼えないよってママに言われちゃった。」

すると、瞬がいいことを思いついた、とばかりに提案します。

「金魚、すくったあとに弥生川に放したらいいよ。」

恭太がおどろきました。

(い)「そんな**薄情**な！」

「ぼくのお父さん、つりに行ったとき、つった魚を川に放しているよ。」

「そういうことか。瞬、それは魚が元いたところに返しているんだろ。いきなり金魚を弥生川に放すのはよくないよ。」

「でも弥生川にもお魚いるよ。」

瞬は生き物がすむ環境について**無頓着**なようです。

先生はコホンとせきばらいをしました。

「川はね、水質によって中にすんでいる生き物や、周りに生えている植物の種類がちがうんだよ。では問題です、弥生川はどんな水質の川でしょうか？　ヒントは、弥生川の土手に黄色いセイタカアワダチソウが生えていること。みんなで協力して調べてごらん。」

言葉の問題にチャレンジ！

次の言葉の意味に合うものを選び、記号に○をつけましょう。

Ⓐ なけなし

(ア) がんばろうとする気力がないこと。
(イ) おだやかで長続きすること。
(ウ) わずかなこと。ほとんどないこと。

Ⓑ 肯定

(ア) ちがうと打ち消すこと。
(イ) うそをつくこと。ごまかすこと。
(ウ) その通りだと認めること。

Ⓒ おくびにも出さない

(ア) あくびをがまんする。眠気をこらえる。
(イ) 秘密にして、口に出したり、それらしい様子を見せたりしない。
(ウ) 思ったことをはっきり言う。正直に言う。

こたえは139ページ

さっそく、調べるのにⒹ**うってつけ**の川の本を早希が持ってきました。

「ええっとね……川は水質がきれいな順から四つの階級に分けられているんだって。弥生川はどこに**該当**するのかな？　一番きれいなところには、カゲロウの幼虫やサワガニがいるって書いてある……。」

瞬も本をのぞきこみます。

「カニ？　ほんとだ。あ、ホタルは二番目にきれいな川にいるんだね。」

真緒もいっしょにページをめくります。

「黄色い花！　ⓤこれが弥生川にさいている花だ。恭太くん、ここ読んで！」

恭太は真緒が指さしたところを読みます。

「ここは『少しきたない川』の階級だな。川の水がよごれてくると、コサギやハクチョウなどの白い鳥と、セイタカアワダチソウなどの黄色い花が増えてくるんだって。じゃあ、弥生川はあまりきれいな川じゃないのかな。」

「まだお祭りがはじまるまで時間があるね。今から見にいこうか。」

先生はそう言うとⒺ**やにわに**立ち上がりました。

全員でプレハブ小屋を出て弥生川の堤防に向かいます。

真緒と瞬が川をのぞきこみました。

「あ、魚がいるよ！　うーん、ここからじゃなんの魚かわからないね。」

「ザリガニがいると、『きたない川』みたいだよ。」

本を持っている早希が、ページをめくりながら言いました。

4 ―ⓤ本を見ていた真緒が「これが弥生川にさいている花だ」と指さした花は、なんの花だと考えられますか。文章中から探して□に書きましょう。

5 ザリガニがいるのは、どんな川ですか。文章中から探して五文字で書きましょう。

6 井上さんはどんな人ですか。合うものすべてに○をつけましょう。

□ 以前、スーパーボールを拾ってくれた人。

□ ユイ先生の知らない人。

□ 弥生川の水質を調査している人。

□ 大学で研究している人。

「弥生川は大きいからね。金魚の**脅威**となる生き物もいるかもしれない。」

さらに川を上流に向かって歩いていくと、川の中に入って、水や水草をすくったり、Ⓕ**あわただしく**作業をしている人たちがいました。

先生が、その人たちに手をふりながら言いました。

「あれが、川の水質を調査している人たちだよ。」

川の中にいた男の人が先生に気づいてこちらに近づいてきます。その人は以前、スーパーボールを拾ってくれた男の人でした。

瞬が先生に聞きました。

「知っている人？」

「そうだよ。」

先生は近づいてきた男の人に話しかけました。

「おつかれさま。」

「やあ、よく来たね。」

男の人は笑顔でこたえると、恭太たちに言いました。

「ぼくは大学で川の水質を研究している、井上といいます。」

井上さんは続けて教えてくれました。

言葉の問題にチャレンジ！

次の言葉の意味に合うものを選び、記号に○をつけましょう。

Ⓓ **うってつけ**
- ㋐ くわしく、細かいこと。
- ㋑ そばにあること。便利なこと。
- ㋒ ぴったりな様子。ちょうどよい様子。

Ⓔ **やにわに**
- ㋐ 思わせぶりに。特別な意味があるかのように。
- ㋑ ゆっくり。少しずつ。
- ㋒ いきなり。とつぜん。

Ⓕ **あわただしい**
- ㋐ いそがしく、落ち着かない様子。
- ㋑ おどろいて、あわてふためく様子。
- ㋒ 熱心な様子。集中している様子。

← こたえは139ページ

「弥生川は、あまりきれいな川じゃないけれど、これでも昔よりはだいぶ改善されているんだよ。住民の努力のおかげで少しずつきれいになっているんだ。」

真緒が井上さんの顔を見て、言いました。

「もしかして、スーパーボールのお兄さん？」

「ああ。あのときの子たちか。よく覚えていたね。」

「あれからもお兄さんの姿を塾の周りで何回か見かけました。」

恭太は、そう言ったあと、**意を決して**塾のある土地について聞くことにしました。

「あのっ、塾の土地、お兄さんが買うんですか？」

「あ、あの土地？　ああ……家を建てるんだけど……ぼくもそろそろⒼ**身を固めよう**と思ってね。」

「ぼくたちユイ先生の塾が大好きなんです。塾がなくなったらいやなんです。他の場所に建ててもらえませんか！」

井上さんはⒽ**面食らった**ようで、きょとんとしたあと、とつぜん笑いだしました。

口を開いたのはユイ先生です。

「ごめんね。きちんと説明するよ。」

よくよく話を聞くと、井上さんは先生の婚約者で、ふたりは結婚して町内会の会長さんから土地を買い、塾のプレハブをこわしてそこに家を建てるということでした。

7 弥生川の様子を比べたときに、よりきたないのは今と昔のどちらですか。合うほうに○をつけましょう。

今・昔

8 恭太が井上さんに、家を他の場所に建ててもらえないかとお願いしたのはなぜですか。理由を書きましょう。

[　　]

9 ㋓早希の言った「恭太の推理」とはどんなことを指していますか。□に当てはまる言葉を文章中から探して書きましょう。

塾の建っている土地を[　　]が買い、[　　]がなくなってしまうこと。

「塾は新しい家で続けるよ。家が建つまでの間は場所を変えるけどね。」

「よかった！ っていうか先生、結婚するなら教えてよ。**水くさい**なあ。」

早希が(え)恭太をつついて(I)**あけすけ**に笑います。

「やっぱり恭太の推理は当たらないね。**勇み足**だよ。」

「うっ。たしかに早とちりだったことは**否めない**けれど……。」

でも先生はうれしそうです。

「恭太くんが、塾が大好きだって言ってくれてうれしいよ。これからもいっしょにいっぱい勉強しようね。」

井上さんと別れたあと、先生が言いました。

「真緒ちゃん、金魚をもらったら、塾で飼おうか？ 生き物の勉強にもなるしね。」

「えっ、いいの？ うれしい！」

「よし、だれが一番多くすくうか競争だ！」

「わたし、恭太には負けないから！」

「ぼくも！」

秋の夕暮れ、みんなで仲良く秋祭りに向かいました。

言葉の問題にチャレンジ！

次の言葉を正しい意味で使っている文を選び、記号に○をつけましょう。

G 身を固める

ア 来年、身を固めることにした。
イ 外ははだ寒く、思わず身を固めた。
ウ 筋トレをしてしっかり身を固めた。

H 面食らう

ア 彼は上級生とのけんかで面食らった。
イ とつぜんの告白に面食らった。
ウ おなかいっぱい面食らった。

I あけすけ

ア 彼女はあけすけにものを言う。
イ そのスカートはあけすけだ。
ウ 彼はあけすけで秘密主義だ。

こたえは140ページ

【118・119ページ】

① (ケーキ店の)景子さん

解説 手紙の差出人とその内容については、118ページ3行目からはじまる早希の言葉を読むとわかります。

② 太陽の光を反射しているから。

※内容が合っていれば正解です。

解説 119ページ5行目の早希の言葉に、月が光って見える理由が書いてあります。問題文に「なぜですか」とあるので、こたえの文は、理由や原因を示す言葉「から」で終えましょう。

③ 表面をコーティング・空気

解説 119ページ18・19行目のユイ先生の言葉を整理して、空らんに合うように書きましょう。

言葉の問題にチャレンジ!

Ⓐ ウ
Ⓑ ウ
Ⓒ イ

言葉の学習

お話に出てきた言葉の意味を確かめましょう。

意図……ねらい。何かをしようと考えていること。

水を差す……うまくいっていることを横からじゃまする。

ないし……あるいは。または。

理科の解説

りんごやバナナには、ポリフェノールという成分がふくまれています。このポリフェノールが空気にふれることで、切ったりんごやバナナが変色するのです。レモン汁や塩水につけることでも、変色を防ぐことができます。

【120・121ページ】

① 火を止めるのを忘れたから〔ゆですぎたから〕。

※内容が合っていれば正解です。

解説 120ページ3・4行目の真緒の言葉を読むと、なぜ卵が固ゆでになってしまったかがわかります。「なぜ」と理由を聞かれているので、こたえの文は「から」で終えるようにしましょう。

② ふっとう・気体〔水蒸気〕

解説 121ページ7・8行目の恭太の言葉を空らんに合うように整理して書きましょう。

③ 水蒸気

解説 121ページ12・13行目のユイ先生の言葉を読みましょう。問題文の「三文字で」がヒントになります。

言葉の問題にチャレンジ!

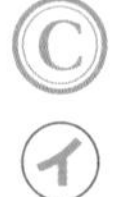

Ⓐ ウ
Ⓑ ア
Ⓒ イ

言葉の学習

お話に出てきた言葉の意味を確かめましょう。

図星……ねらったところ。急所。ずばりと当てること。

枯渇……水や水分がかれてなくなること。

理科の解説

水をあたためたとき、100度になるとぼこぼこと水蒸気のあわが出てきます。水中で水蒸気ができることを「ふっとう」といい、水は100度でふっとうします。水が水蒸気になることを「蒸発」といいます。

なぞ28 こたえと解説 しみこむ水 122〜125ページ

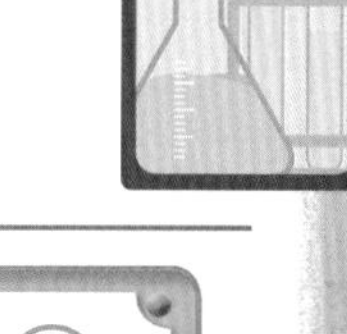

【122・123ページ】

① ア

解説 ユイ先生が「頭をかかえて」（122ページ6行目）いる場面よりあとを、その理由を探して読みましょう。

② ○ 五月公園に行った。
○ アキラくんと散歩をした。

解説 瞬と真緒は別行動だったことに注意して、正しいこたえを選びましょう。

言葉の問題にチャレンジ！

Ⓐ ウ　Ⓑ ウ　Ⓒ ア

言葉の学習

お話に出てきた言葉の意味を確かめましょう。

有り様……ものごとの状態や様子。

お鉢が回る……順番がまわってくる。

【124・125ページ】

③ 五月公園・近い

解説 124ページ2〜4行目の恭太と早希のやりとりを、流れに注意して読みましょう。早希の「そうだっけ？」という言葉は、恭太の言葉を受けて「（葉月公園のほうが）近かったっけ？」という意味で発されています。

④ コップの底・水

解説 124ページ18行目〜125ページ2行目で、どんな実験が行われているか注意深く読みましょう。起こっていることを思いうかべながら読むとわかりやすくなります。

⑤ つぶが小さい土

解説 お話の中で行われた実験の結果と、ユイ先生の言葉（125ページ10〜14行目）を整理しましょう。

言葉の問題にチャレンジ！

Ⓓ ア　Ⓔ ウ　Ⓕ ウ

解説 「うそぶく」は「知らないふりをする。とぼける。えらそうに大きなことを言う」、「物々しい」は「重々しく厳しい。大げさである」、「物色」は「たくさんのものの中から適当な人やものを探す」という意味です。

言葉の学習

お話に出てきた言葉の意味を確かめましょう。

愛嬌……かわいらしいこと。

浸透……しみこむこと。また、考えや習慣などが広く行きわたること。

とどのつまり……結局のところ。あげくの果て。

理科の解説

土は、粘土、砂、小石などでできています。粘土がもっともつぶが小さく、その次に小さいのが砂、もっともつぶが大きいのが小石です。

土のつぶの大きさによって、地面への水のしみこみ方にはちがいがあります。つぶが大きいほど速くしみこみ、つぶが小さいほど、しみこむのがおそくなります。

【126・127ページ】

① 恭太・早希

解説 「瞬と真緒は先に帰って」（126ページ1・2行目）いて、塾に残っていたのは恭太と早希だけです。

② 電波塔のてっぺんに満月がかかって、くしにささっただんごのように見える光景。

※内容が合っていれば正解です。

解説 早希が塾の窓から見た光景を、わかりやすく整理して書きましょう。

③ 同じ・昼間

解説 127ページ15・16行目で、早希が月についてどんなふうに考えているか読み取って、空らんに合うように書きましょう。

言葉の問題にチャレンジ！

Ⓐ イ　Ⓑ イ　Ⓒ イ

言葉の学習

お話に出てきた言葉の意味を確かめましょう。

臆面もなく……気おくれした様子もなく、ずうずうしい。

ぬかに釘……手ごたえがない。効き目がない。

手ぐすねを引く……十分準備して待ち構える。

【128・129ページ】

④ 公転

解説 128ページ12～15行目の図鑑の説明の中にこたえがあります。

⑤ 十二度東・動くのにかかる

解説 月の動き方を説明している場面を探して、注意深く読みましょう。

⑥ 土地・売る

解説 129ページ16・17行目の恭太のお母さんの言葉に注目して、うわさの内容を整理しましょう。

言葉の問題にチャレンジ！

Ⓓ ア　Ⓔ ウ　Ⓕ イ

解説 「陰謀」は「かくれてたくらむ悪い計画」、「めざとい」は「見つけるのが早い」、「また聞き」は「本人からではなく他の人から聞く」という意味です。

言葉の学習

お話に出てきた言葉の意味を確かめましょう。

気に障る……いやな気持ちになる。

悪用……悪い目的のために使うこと。

理科の解説

天体が、あるひとつの天体の周りをまわることを「公転」といいます。地球は、太陽の周りを公転しています。同じように、月も地球の周りを公転しています。この公転によって、太陽と月の位置が変わるため、月が出る時刻が毎日ちがうのです。

なぞ30

こたえと解説 水質と生き物 130〜135ページ

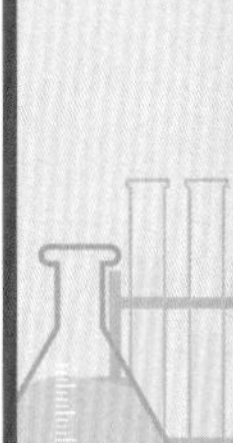

『130・131ページ』

①
秋祭りを楽しみにしているから。

※内容が合っていれば正解です。

解説
お話の最初の、塾の生徒たちの様子から考えましょう。

②
（この）土地が売られて、塾がなくなってしまう

解説
「肯定されるのはいや」（130ページ9行目）だけれど、聞いてみたいことは、その直前に書かれています。

③
イ

解説
恭太（きょうた）が、だれのどんな発言を受けて「そんな薄情（はくじょう）な！」（131ページ5行目）と言ったかは、その前を確かめるとわかります。

言葉の問題にチャレンジ！

A　ウ

B　ウ

C　イ

言葉の学習
お話に出てきた言葉の意味を確かめましょう。

満場一致（まんじょういっち）……そこにいる人たち全員の意見がそろうこと。

薄情（はくじょう）……思いやりがないこと。

無頓着（むとんちゃく）……少しも気にしないこと、またその様子。

『132・133ページ』

④
セイタカアワダチソウ

解説
「黄色い花」について書かれているところを探してよく読みましょう。

⑤
きたない川

解説
132ページ20行目に「ザリガニがいると、『きたない川』みたいだよ」とあります。

⑥
○
○　○

以前、スーパーボールを拾ってくれた人。

弥生川（やよいがわ）の水質（すいしつ）を調査（ちょうさ）している人。

大学で研究している人。

解説
「井上さん」（いのうえ）がどの人物を指すか気をつけて、133ページを読み直してみましょう。

言葉の問題にチャレンジ！

D　ウ

E　ウ

F　ア

言葉の学習
お話に出てきた言葉の意味を確かめましょう。

該当（がいとう）……ある条件（じょうけん）に当てはまること。

脅威（きょうい）……おびやかすこと。また、おどされること。

【134・135ページ】

⑦ 昔

解説
134ページ1・2行目の「弥生川は、あまりきれいな川じゃないけれど、これでも昔よりはだいぶ改善されている」という井上さんの発言から、昔はもっときたなかったとわかります。「改善する」は、悪いところをよくするという意味です。

⑧ ユイ先生の塾が好きなので、塾がなくなったらいやだから。

※内容が合っていれば正解です。

解説
134ページ13・14行目の恭太の言葉を読んで、恭太の気持ちを考えてみましょう。

⑨ 井上さん・塾

解説
134ページ10～14行目を読んで、恭太が心配していたことを考えましょう。

言葉の問題にチャレンジ！

Ⓖ ㋐
Ⓗ ㋑
Ⓘ ㋐

解説
「身を固める」は「結婚する」、「面食らう」は「とつぜんのできごとにおどろく。あわてる」、「あけすけ」は「ありのままかくさないこと、またその様子」という意味です。

言葉の学習

お話に出てきた言葉の意味を確かめましょう。

意を決する……決心する。心を決める。
水くさい……親しい間がらなのに、よそよそしい。
勇み足……熱心すぎて失敗すること。
否めない……否定できない。打ち消すことができない。

理科の解説

川の中にすんでいる生き物や川原の植物などを見ることで、その川の水がきれいなのか、きたないのか、調べることができます。
サワガニやカゲロウがいる川は、きれいな水の川です。
ゲンジボタルやカワニナがいる川は、少しきれいな水の川です。
ミズカマキリやタニシがいる川は、少しきたない水の川です。
アメリカザリガニやエラミミズなどがいる川は、きたない水の川です。

もっと理解を深めよう

水のしみこみ方

122～125ページ

地面の土をすくって、虫めがねで見てみましょう。土は、小さなつぶが集まってできていることがわかります。これらの小さなつぶは、同じ大きさではなく、いろいろな大きさであることもわかります。土の中にあるつぶのうち、やや大きなつぶが小石（れき）、小石よりも小さなつぶが砂、目に見えないほど細かいつぶが粘土です。

土は、つぶが大きいほどすきまが大きくなるため、水がしみこみやすくなります。また、つぶが小さいほどすきまが小さくなるため、水がしみこみにくくなります。そのため、つぶの小さな粘土が多い土のほうが、つぶの大きな小石が多い土よりも、水を通しにくくなっています。

水をためてイネを育てる田んぼの底は、水がしみこみにくいように、表面が粘土の多い土でおおわれています。

なぞ29 月の出

126～129ページ

月は自分で光っているわけではなく、太陽の光を受けている部分だけが光っています。そのため、月は地球の周りをまわりながら、満ち欠けをします。

月は、地球の周りを約27・3日で1周（公転）しています。1周は360度なので、月は1日に地球の周りを約13度動いていることになります。一方、地球は太陽の周りを365日で1周（公転）しているため、1日に約1度ずつ動いています。

1日に月は約13度動き、地球は約1度動くので、地球から見た月は、1日にその差の約12度動くことになります。

また、地球は1日（24時間）で1回自転（360度）しています。1時間に約15度動くので、1度は約4分となります。地球から見た月は1日に約12度動くので、12度動く時間は、約48分です。

つまり、月が同じ場所に見える時刻は、毎日約48分ずつおそくなっているのです。

※角度は実際よりも大きく示しています。

おさらい！理科クイズ

同じ時刻に見える月の位置は、毎日どのように変化していますか？

1. 西に約13度ずつずれている。
2. 東に約12度ずつずれている。
3. 北に約1度ずつずれている。

こたえは28ページ

116ページのこたえ 3

下流で主に見られるのは、丸くて小さい石です。

さくいん

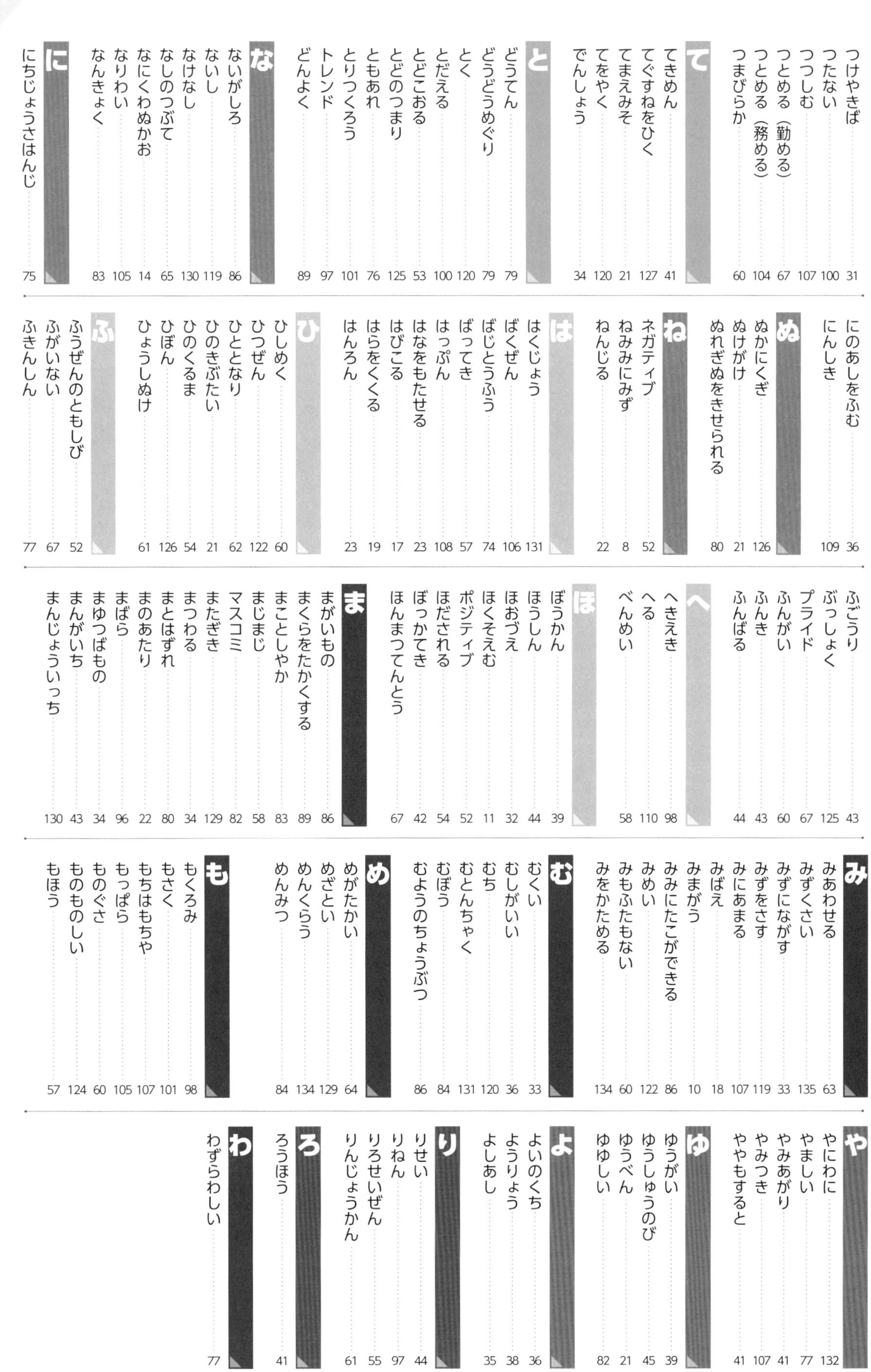

監修者

陰山 英男（かげやま ひでお）

1958年、兵庫県生まれ。小学校教員時代、反復学習や規則正しい生活習慣の定着で基礎学力の向上を目指す「陰山メソッド」を確立し、脚光を浴びる。百ます計算や漢字練習の反復学習、そろばん指導やICT機器の活用など、新旧を問わずさまざまな学習法を積極的に導入し、子どもたちの学力向上を実現している。

現在、教育クリエイターとして講演会などで活躍するほか、全国各地で教育アドバイザーなどにも就任。子どもたちの学力向上のための指導を精力的に行っている。

著書は『陰山メソッド　たったこれだけプリント』(小学館)、「早ね早おき朝5分ドリル」シリーズ(学研プラス)他多数。

小川 眞士（おがわ まさし）

理科の教室「小川理科研究所」主宰。森上教育研究所客員研究員。

東京練馬区立の中学校で理科の教鞭を執ったあと、四谷大塚進学教室理科講師を務めた。開成特別コース・桜蔭特別コースを受け持ち、28人全員が開成中学に合格した伝説のクラスの理科とクラス主任を担当。四谷大塚副室長、理科教務主任を務めた。

著書は『基礎からしっかりわかる　カンペキ！ 小学理科』(技術評論社)、『これだけ！ 理科』(森上教育研究所スキル研究会)、『中学受験　理科のグラフ完全制覇』(ダイヤモンド社)他多数。

物語

1・2章担当 **山下 美樹**（やました みき）

埼玉県出身。保育絵本、幼年童話、科学読み物を中心に執筆している。主な作品に、『ケンタのとりのすだいさくせん』、『「はやぶさ」がとどけたタイムカプセル』(文溪堂)、『地球のあゆみえほん』(PHP研究所)、『ぐんぐん頭のよい子に育つよみきかせ　かがくのお話25』(西東社)などがある。日本児童文芸家協会会員。

3・4章担当 **桐谷 直**（きりたに なお）

新潟県出身。児童書を中心に、幅広く執筆している。学習参考書の著書に『小学校の国語　読解力アップ直結問題集　学校のなぞ』(実務教育出版)、『冒険のお話を読むだけで自然と身につく！　小学校で習う全漢字1006』(池田書店)がある。

5・6章担当 **萩原 弓佳**（はぎわら ゆか）

大阪府出身。2014年、第16回創作コンクールつばさ賞童話部門優秀賞受賞。2016年、受賞作品『せなかのともだち(原題『はじめての握手』)』(PHP研究所)でデビュー。同作で第28回ひろすけ童話賞受賞。他著書に『しんぶんのタバー』(PHP研究所)がある。日本児童文芸家協会会員。

カバーイラスト・挿絵	渡辺ナベシ
理科解説イラスト	坂川由美香
本文デザイン・DTP	白石 友（Red Section）
校正	村井みちよ
編集協力	株式会社童夢、菊池麻祐、野口和恵、山内ススム
編集担当	小髙真梨（ナツメ出版企画株式会社）

読解力と語彙力を鍛える！
なぞ解きストーリードリル　小学理科

2020年 5月 1日　初版発行
2022年 7月10日　第5刷発行

監修者　陰山英男、小川眞士
物　語　山下美樹
物　語　桐谷直
物　語　萩原弓佳
発行者　田村正隆

発行所　株式会社ナツメ社
東京都千代田区神田神保町1-52　ナツメ社ビル１Ｆ(〒101-0051)
電話 03-3291-1257(代表)　FAX 03-3291-5761
振替　00130-1-58661

制　作　ナツメ出版企画株式会社
東京都千代田区神田神保町1-52　ナツメ社ビル3F(〒101-0051)
電話 03-3295-3921(代表)

印刷所　図書印刷株式会社

ISBN978-4-8163-6815-8　Printed in Japan

本書に関するお問い合わせは、書名・発行日・該当ページを明記の上、下記のいずれかの方法にてお送りください。電話でのお問い合わせはお受けしておりません。
・ナツメ社webサイトの問い合わせフォーム
https://www.natsume.co.jp/contact
・FAX(03-3291-1305)
・郵送(下記、ナツメ出版企画株式会社宛て)
なお、回答までに日にちをいただく場合があります。正誤のお問い合わせ以外の書籍内容に関する解説・個別の相談は行っておりません。あらかじめご了承ください。

ナツメ社Webサイト
https://www.natsume.co.jp
書籍の最新情報(正誤情報を含む)は
ナツメ社Webサイトをご覧ください。

『読解力と語彙力を鍛える！　なぞ解きストーリードリル　小学理科』
1日1ページ
×
30日完成
別冊
言葉ドリル

『なぞ解きストーリードリル』を解き終えたら、
次はこのドリルに挑戦しよう！
1日1ページ取り組むことを目標にしてね。
問題のこたえは、次のページの下にのせているので、
解いたらこたえ合わせをしよう。

1 8～11ページの復習 新しい語句を覚えよう①

学習日 ／

復習 **1** 文に合う言葉を選び、記号に○をつけましょう。

(1) 手術を受けるのはこわいが、けがを治すために［㋐ **骨身をおしまない** ㋑ **背に腹はかえられない**］。

(2) 白い花びらと［㋐ **見まがう** ㋑ **見そめる**］雪が降る。

(3) カロリーを［㋐ **ちみつ** ㋑ **ちせつ**］に計算してつくった食事。

(4) 妹がひとりで留守番できるように［㋐ **ぬけがけ** ㋑ **おぜん立て**］する。

(5) 数ある中でも［㋐ **異彩を放つ** ㋑ **虎を野に放つ**］作品。

(6) 同点に追いつかれ、勝つか負けるかの［㋐ **瀬戸際** ㋑ **水際**］に立たされた。

新しい語句① **2** (1)～(9)の言葉の意味に合うものを㋐～㋘から選び、線でつなぎましょう。

(1) **いとま** ・　・ ㋐ 顔かたちがよく似ていること。

(2) **のさばる** ・　・ ㋑ 休むこと。用事のないとき。

(3) **殺風景** ・　・ ㋒ 不吉である。いやな感じだ。

(4) **うりふたつ** ・　・ ㋓ ふつうとはちがっていて目立つこと。

(5) **頭打ち** ・　・ ㋔ 不足していること。

(6) **異色** ・　・ ㋕ 思いのままにのび広がる。いばった態度を取る。

(7) **欠乏** ・　・ ㋖ ものごとがそれ以上のびなくなること。

(8) **いまわしい** ・　・ ㋗ 犯人の身元や足取りがわかる。

(9) **足がつく** ・　・ ㋘ 景色などが単調で趣がない様子。

30 31ページのこたえ

1 (1) ㋐ (2) ㋑ (3) ㋑ (4) ㋑ (5) ㋐ (6) ㋐ (7) ㋐ (8) ㋑

2 (1) ㋖ (2) ㋓ (3) ㋑ (4) ㋔ (5) ㋒ (6) ㋐ (7) ㋗ (8) ㋕ (9) ㋘

2 12〜15ページの復習 新しい語句を覚えよう②

学習日 ／

復習

1 □に当てはまる言葉を[ ]から選び、記号を書きましょう。

(1) チームの□になってしまった。

(2) 父と母は□の間がらで、とても仲がいい。

(3) 子どもだけで出かけるのは□。

(4) 塾をさぼったが、□で帰宅した。

(5) 先生は□でピアノを演奏できる。

(6) □に聞いた話なので、本当のところはわからない。

(7) 兄は□性格だ。

ア 間接的　イ 即興　ウ 以心伝心
エ 足手まとい　オ 心もとない
カ 竹を割ったような　キ 何食わぬ顔

新しい語句②

2 次の意味に合う言葉を選び、記号に○をつけましょう。

(1) なまけて、楽をしてものごとをすまそうとすること。
ア 横着　イ 一心不乱

(2) すべて同じようで、個性や特徴がない様子。
ア 普遍的　イ 画一的

(3) ものごとがうまくいかず、苦労が多い境遇。
ア 逆境　イ 順境

(4) しなやかで強いこと。
ア 強制　イ 強靭

(5) 入り混じって区別がつかない様子。
ア 混沌　イ うりふたつ

(6) ものの感じ、味や色などが、あっさりしていること。
ア 奇異　イ 淡白

(7) すべてのものごとに効力があること。
ア 万能　イ 精通

1 2ページのこたえ

1 (1) イ (2) ア (3) ア (4) イ (5) ア (6) ア

2 (1) イ (2) カ (3) ケ (4) ア (5) キ (6) エ (7) オ (8) ウ (9) ク

3 16〜17ページの復習 新しい語句を覚えよう③

学習日 ／

復習 1 文に合う言葉を選び、記号に○をつけましょう。

(1) 彼女は［㋐ わずらわしい ㋑ 奥ゆかしい］性格なので、周りの人から好かれている。

(2) 駅への行き方が［㋐ なじみ ㋑ うろ覚え］で、道に迷ってしまった。

(3) 冬になると、かぜの菌があちこちで［㋐ はびこる ㋑ いそしむ］。

(4) 一等賞を取り、［㋐ 肩で風を切って ㋑ 肩で息をして］歩く。

(5) ［㋐ 希少 ㋑ うかつ］にもねぼうして約束の時間におくれてしまった。

新しい語句③ 2 (1)〜(7)の意味に合う言葉を㋐〜㋖から選び、線でつなぎましょう。

(1) 幼稚で未熟なこと。 ・ ・ ㋐ ちせつ

(2) しまりがなく、自分勝手にふるまうこと。 ・ ・ ㋑ 不可抗力

(3) 濃さや密度、気持ちや意識がうすいこと。 ・ ・ ㋒ 野放図

(4) ものごとが望み通りの方向へ進む様子。順調に進む様子。 ・ ・ ㋓ 人為的

(5) 人の力では逆らうことのできない力や事態。 ・ ・ ㋔ はかばかしい

(6) 自然のままでなく、人の手が加わっている様子。 ・ ・ ㋕ 希薄

(7) みすぼらしく弱々しい様子。 ・ ・ ㋖ 貧弱

---

2 3ページのこたえ

1 (1) ㋓ (2) ㋒ (3) ㋔ (4) ㋖ (5) ㋑ (6) ㋐ (7) ㋕

2 (1) ㋐ (2) ㋑ (3) ㋐ (4) ㋑ (5) ㋐ (6) ㋑ (7) ㋐

4 18〜19ページの復習 新しい語句を覚えよう④

学習日 ／

復習 1 □に当てはまる言葉を［ ］から選び、記号を書きましょう。

(1) □ 試験の結果を待つ。

(2) □ よく盛りつけられた料理。

(3) いつもいやな顔をせず父の仕事を手伝う兄には、□。

(4) 今年の夏は雨が多く、農作物がよく育たないのではないかと□する。

(5) 母は□色の服を好んで着ている。

㋐ 腹をくくって ㋑ 懸念 ㋒ 見栄え
㋓ 淡い ㋔ 頭が下がる

新しい語句④ 2 〰線部の言葉と同じ意味を持つ言葉を選び、記号に○をつけましょう。

(1) 初対面の人に**ぶしつけ**な態度を取られ、父はおこった。
㋐ 礼儀正しい ㋑ 失礼

(2) **ふつつか**な者ですが、よろしくお願いします。
㋐ 十分な ㋑ 行き届かない

(3) おこづかいをもらえるかもしれないと**よこしま**な考えで祖母の家に行った。
㋐ 正しくない ㋑ 正しい

(4) たき火が**くすぶる**。
㋐ よく燃えず、けむりがたくさん出る ㋑ 燃えさかる

(5) **なまじ**知識があるために、仕事をたのまれてしまった。
㋐ 完ぺきな ㋑ 中途半端に

(6) 時代とともに街は**変容**する。
㋐ 姿や形が変わる ㋑ すたれていく

3 4ページのこたえ

1 (1) ㋑ (2) ㋑ (3) ㋐ (4) ㋐ (5) ㋑
2 (1) ㋐ (2) ㋒ (3) ㋕ (4) ㋔ (5) ㋑ (6) ㋓ (7) ㋖

5 20〜23ページの復習
新しい語句を覚えよう⑤

学習日 ／

復習 **1** 次の言葉を正しい意味で使っている文を選び、記号に○をつけましょう。

(1) **手前みそ**
ア 手前みそだけれど、この絵はうまくかけたと思う。
イ 手前みそがついて、今日の発表会はうまくいかなかった。

(2) **ひのき舞台**
ア 父はひのき舞台から飛び降りるつもりで、高い車を買った。
イ オリンピックはスポーツ選手にとってのひのき舞台だ。

(3) **立て板に水**
ア きんちょうして、立て板に水のような話し方になってしまった。
イ あのアナウンサーの話し方は、まさに立て板に水だ。

(4) **反論**
ア 夏休みは山に行きたいと言う姉に、海のほうがいいと反論した。
イ 授業で発表する内容について、班で楽しく反論した。

(5) **花を持たせる**
ア 今回のマラソン大会では、下級生に花を持たせよう。
イ 花を持たされて、クラスの笑い者になった。

新しい語句⑤ **2** 次の言葉の意味に合うものを選び、記号に○をつけましょう。

(1) **まん延**
ア 混乱していたものが収まること。
イ 病気や悪い習慣などが広がること。

(2) **悪びれる**
ア 悪い行いに手を染める。
イ 自分の行動にはずかしがったり、おどおどしたりする。

(3) **人いきれ**
ア 人が多く集まっている場所で、体から出る熱気やにおいでむんむんすること。
イ 遠い場所へ旅立つ人を見送りに行くこと。

(4) **すえる**
ア 飲食物がくさってすっぱくなる。
イ 果物が熟して食べごろになる。

(5) **典型的**
ア あるものとまったく正反対の性質を持つ様子。
イ あるものの特徴がよく出ている様子。

(6) **慢性**
ア とつぜん発病し、進行が早い病気の状態。
イ 治りにくく、長引く病気の状態。

4 5ページのこたえ

1 (1) ア (2) ウ (3) オ (4) イ (5) エ
2 (1) イ (2) イ (3) ア (4) ア (5) イ (6) ア

6 30～33ページの復習 新しい語句を覚えよう⑥

学習日　／

復習 1 ――線部の言葉の使い方が正しい文を五つ選び、□に○をつけましょう。

(1) □ お金を預かる人が**ずさん**な管理をしていては困る。

(2) □ 成功を収めた人を**口さがなく**ほめたたえる。

(3) □ 昨日けんかしたことは**水に流して**、仲良く遊ぼう。

(4) □ 机に**ほおづえ**をついて、友だちがもどってくるのを待った。

(5) □ **気色ばんだ**姉はいつもよりきれいに見えた。

(6) □ 同じ失敗は二度としないと、**肝に銘じた**。

(7) □ **付け焼き刃**の勉強では、テストでよい点は取れない。

新しい語句⑥ 2 (1)～(6)は□の中のどの言葉の説明ですか。選んで□に記号を書きましょう。

(1) 自分よりすぐれている他人をうらやましく思ってにくむ。□

(2) 気がふさいで何をするのもめんどうに感じられること。□

(3) あるひとつのことを深く思いつめ、あきらめたり忘れたりしない心。□

(4) 思い通りにならず、心残りなこと。□

(5) 身にしみて強く感じるさま。□

(6) 相手に尊敬の気持ちを持ち、礼をつくすこと。□

ア 執念　イ ねたむ　ウ 物憂い
エ 遺憾　オ 敬う　カ 切実

5 6ページのこたえ

1 (1) ア (2) イ (3) イ (4) ア (5) ア
2 (1) イ (2) イ (3) ア (4) ア (5) イ (6) イ

7 34〜35ページの復習 新しい語句を覚えよう⑦

学習日

復習 **1** （　）に当てはまる言葉を選び、記号を書きましょう。

(1) 住んでいる地域に（　　）話。
　ア まとう　イ ともなう　ウ まつわる

(2) 簡単にお金をもらえるなんて（　　）の話を信じてはいけない。
　ア 眉唾物　イ 寝耳に水　ウ うろ覚え

(3) どれだけがんばったかで成績の（　　）が決まる。
　ア 勝敗　イ よしあし　ウ 安否

(4) 交通が発達したところには、人が集まる（　　）がある。
　ア 由来　イ ひのき舞台　ウ 傾向

(5) 江戸時代から（　　）される芸能。
　ア 伝承　イ 伝統　ウ 伝来

新しい語句⑦ **2** ——線部の言葉と同じ意味の言葉を選び、記号に○をつけましょう。

(1) 政治家の責任を問いただす。
　ア 糾弾する　イ 発奮する

(2) ふだんの行いが悪いと、信用してもらえない。
　ア 実行　イ 素行

(3) 都合の悪い意見を無視する。
　ア 黙殺する　イ 沈黙する

(4) 悪い王によって、人々は言動や自由をおさえつけられた。
　ア 抑圧された　イ 嘆願された

(5) 自分のせいで失敗したのに、責任を人になすりつけた。
　ア 放棄した　イ 転嫁した

(6) 核兵器は廃止してなくすべきだ。
　ア 廃絶する　イ のさばる

---

6 7ページのこたえ

1 (1)、(3)、(4)、(6)、(7)

2 (1) イ (2) ウ (3) ア (4) エ (5) カ (6) オ

8 36～37ページの復習 新しい語句を覚えよう⑧

学習日 ／

復習 **1** □に当てはまる言葉を［ ］から選び、記号を書きましょう。

(1) 新しいパソコンが欲しいが、値段が高くて□。

(2) とつぜん遊びにきたうえに、夕飯までごちそうになろうなんて□考えだ。

(3) 先生は江戸時代の文学に□している。

(4) 小学生を□とした料理教室に参加する。

(5) 夏でも□になるとすずしい風がふく。

ア 虫がいい　イ 宵の口　ウ 対象
エ 二の足をふむ　オ 精通

新しい語句⑧ **2** (1)～(6)は［ ］の中のどの言葉の説明ですか。選んで□に記号を書きましょう。

(1) 連ねて並べること。 □

(2) 行動の自由をうばうこと。 □

(3) 自分の考えに強くこだわり、簡単に意見を変えないこと。 □

(4) 紙に書きとめたりしない、言葉だけの約束。 □

(5) おたがいに相手の弱点や秘密などを言い立てる、みにくい争い。 □

(6) 自分から積極的に働きかけること。 □

ア 能動　イ 固執　ウ 拘束
エ 泥仕合　オ 口約束　カ 羅列

---

7 8ページのこたえ

1 (1) ウ (2) ア (3) イ (4) ウ (5) ア
2 (1) ア (2) イ (3) ア (4) ア (5) イ (6) ア

9 38～41ページの復習 新しい語句を覚えよう⑨

学習日　／

復習 1 （　）に当てはまる言葉を選び、記号を書きましょう。

(1) 慣れない場所でも兄は（　　　）よく立ちまわることができる。
　ア 要領　イ 素行

(2) タバコは体に（　　　）な物質をふくんでいる。
　ア 粋　イ 有害

(3) その言い方は（　　　）いやみに聞こえてしまう。
　ア ややもすると　イ なまじ

(4) 家を出るのがおそくなったが、バスの中で昔の友だちに会えた。（　　　）だ。
　ア けがの功名　イ 一石二鳥

(5) 母は（　　　）なので、いつもより元気がなさそうに見える。
　ア 病みつき　イ 病み上がり

(6) 災害があった地域に住む親せきの（　　　）を確認する。
　ア 安否　イ 安定

(7) （　　　）なことから友だちとけんかをしてしまった。
　ア ささい　イ 少々

新しい語句⑨ 2 (1)～(8)の言葉の意味に合うものをア～クから選び、線でつなぎましょう。

(1) 甘んじる　・　　・ア いらないものとして取り除く。

(2) あざける　・　　・イ あたえられたものが不十分でも、受け入れる。

(3) 英気を養う　・　　・ウ 目上の人にまちがいや欠点を注意する。

(4) 臨む　・　　・エ ある場所や場面に向かい合う。

(5) 省く　・　　・オ 人をばかにして、悪口を言ったり笑ったりする。

(6) めでる　・　　・カ 気力や体力をたくわえる。

(7) いさめる　・　　・キ ものの美しさをしみじみ味わう。かわいがる。

(8) なじる　・　　・ク 相手を責めて問いつめる。

---

8 9ページのこたえ

1 (1) エ (2) ア (3) オ (4) ウ (5) イ

2 (1) カ (2) ウ (3) イ (4) オ (5) エ (6) ア

10 42～45ページの復習 新しい語句を覚えよう⑩

学習日 ／

復習 1 次の言葉を正しい意味で使っている文を選び、記号に○をつけましょう。

(1) 放心
ア 事故の現場を目撃し、放心して立ちつくした。
イ テストが終わり放心して、思いきり遊んだ。

(2) 万が一
ア 富士山に比べれば、この山は万が一だ。
イ 万が一の災害に備えて、食料をたくわえておく。

(3) 有終の美
ア 井上さんは、クラスの有終の美といわれている。
イ 六年生は地域のサッカー大会で優勝し、有終の美をかざった。

(4) 理性
ア くやしさのあまりさけびたい気分だったが、理性を働かせて、ぐっとこらえた。
イ 彼女は理性を爆発させて、大声で泣きだした。

(5) 奮起
ア 彼はライバルに負け、奮起して落ちこんだ。
イ 奮起して勉強にはげみ、テストで百点を取った。

2 次の――線部の言葉の意味を選び、記号に○をつけましょう。

(1) 彼は**意固地**になって、話に加わらなかった。
ア つまらないことで意地を張ること。
イ 好きなものに夢中になること。

(2) 彼は年下の人に対しては急に**居丈高**になる。
ア 背筋をのばす様子。
イ えらそうな態度を取る様子。

(3) **怠惰**なために、成績がのびない。
ア なまけてだらしないこと。
イ 体調がすぐれないこと。

(4) **独善的**なやり方では、だれもついてこない。
ア 他人のことを考えず、自分だけが正しいと考えること。
イ いつも一番よい方法を提案すること。

(5) あの人は大きな会社を経営する、**ひとかど**の人物だ。
ア ひときわすぐれていること。
イ 気前がよいこと。

(6) 自分だけおいしいものを食べようなんて、**利己的**だ。
ア 人のことを考えずに自分の利益を求める様子。
イ 食い意地が張っている様子。

9 10ページのこたえ

1 (1) ア (2) イ (3) ア (4) ア (5) イ (6) ア (7) ア
2 (1) イ (2) オ (3) カ (4) エ (5) ア (6) キ (7) ウ (8) ク

11 52～55ページの復習 新しい語句を覚えよう⑪

学習日 ／

復習 1 ――線部の言葉の使い方が正しい文を五つ選び、□に○をつけましょう。

(1) □ **ポジティブ**な考えで、つらい時期を乗り切った。

(2) □ 工場で働いて**生計**を立てる。

(3) □ 彼女は**ネガティブ**な性格で、いつも明るい。

(4) □ 祖母を亡くし、悲しみに**打ちひしがれる**。

(5) □ 彼女が手伝ってくれたおかげで、仕事が**滞る**。

(6) □ お世話になった人に、**きびすを返す**ことができた。

(7) □ 姉の仕事は、幸運にも**火の車**に乗った。

(8) □ 公園をつくってほしいと市長に**嘆願**した。

(9) □ どんな相手でも**色眼鏡**で見るのはよくない。

新しい語句⑪ 2 次の言葉の意味に合うものを選び、記号に○をつけましょう。

(1) **ぼくとつ**
㋐ 行動がとつぜんであること。
㋑ かざりけがなく、口数が少ないこと。

(2) **無礼**
㋐ 礼儀にはずれていること。
㋑ 小さなことにとらわれないこと。

(3) **偏屈**
㋐ 性質が素直でないこと。
㋑ 悪い行いをすること。

(4) **高飛車**
㋐ 人よりひいでること。
㋑ 相手をおさえつけるような態度を取ること。

(5) **潔白**
㋐ 心や行いが正しいこと。
㋑ 不正をきらうこと。

(6) **卑屈**
㋐ とても貧しいこと。
㋑ いじけて相手にへつらうこと。

10 11ページのこたえ

1 (1) ㋐ (2) ㋑ (3) ㋑ (4) ㋐ (5) ㋑

2 (1) ㋐ (2) ㋑ (3) ㋐ (4) ㋐ (5) ㋐ (6) ㋐

12 56～59ページの復習 新しい語句を覚えよう⑫

学習日　／

復習 **1** □に当てはまる漢数字を書き、ことわざを完成させましょう。

(1) □寸の虫にも五分の魂

(2) □人寄れば文殊の知恵

復習 **2** □に当てはまる言葉を⬚から選び、記号を書きましょう。

(1) クラスメイトからの強い□を受け、学級委員になった。

(2) 上級生にまじって、チームの先発メンバーに□された。

(3) 災害への対応がおくれた理由について、市長が□する。

㋐ ばってき　㋑ 支持　㋒ 弁明

新しい語句⑫ **3** (1)～(7)の言葉の意味に合うものを㋐～㋖から選び、線でつなぎましょう。

(1) 建前
(2) 排他的
(3) はばかる
(4) 非情
(5) 風刺
(6) 戒め
(7) 草分け

㋐ さしさわりがあるために、えんりょする。
㋑ 人間らしい感情を持たず、心が冷たいこと。
㋒ ものごとを初めて行うこと、または行う人。
㋓ まちがいがないように、前もってあたえる注意。
㋔ 表向きの、本当の気持ちとはちがう考え。
㋕ 社会や人の悪いところを遠まわしに批判すること。
㋖ 自分や仲間以外の人を受け入れない傾向がある様子。

11 12ページのこたえ

1 (1)、(2)、(4)、(8)、(9)

2 (1) ㋑ (2) ㋐ (3) ㋐ (4) ㋑ (5) ㋐ (6) ㋑

13 60〜61ページの復習 新しい語句を覚えよう⑬

学習日 ／

復習

1 □に当てはまる言葉を選び、記号を書きましょう。

(1) 事件解決のために、そのとき何があったのか□にすべきだ。
㋐ **つまびらか** ㋑ **目の当たり** ㋒ **あいまい**

(2) 本番をひかえ、役者が□にけいこをする。
㋐ **以心伝心** ㋑ **一心不乱** ㋒ **五里霧中**

(3) 信じていた相手にうそをつかれて□した。
㋐ **歓喜** ㋑ **発奮** ㋒ **憤慨**

(4) □言い方をされて、がっかりする。
㋐ **花も実もない** ㋑ **身もふたもない** ㋒ **心もとない**

(5) 新商品を求める人が売り場に□。
㋐ **ひしめく** ㋑ **くすぶる** ㋒ **はばかる**

(6) □あふれる映像を楽しむ。
㋐ **臨場感** ㋑ **音感** ㋒ **読後感**

新しい語句⑬

2 次の意味に合う言葉を選び、記号に○をつけましょう。

(1) あるものごとから分かれて生まれる様子。
㋐ **一義的** ㋑ **二次的**

(2) あることの由来。
㋐ **ゆえん** ㋑ **動機**

(3) 裁判でうったえられた人。
㋐ **原告** ㋑ **被告**

3 次の意味に合う言葉を□から選び、（　）に書きましょう。

(1) みんなで団結して、ある商品を買うことや、ある場所へ参加することなどをやめること。（　　）

(2) 人やものごとへの一方的な評価。（　　）

(3) ふたつのどちらを選ぶか決められないこと。（　　）

レッテル　ジレンマ　ボイコット

---

12 13ページのこたえ

1 (1) 一 (2) 三 **2** (1) ㋑ (2) ㋐ (3) ㋒
3 (1) ㋔ (2) ㋖ (3) ㋐ (4) ㋑ (5) ㋕ (6) ㋓ (7) ㋒

14 62～63ページの復習 新しい語句を覚えよう⑭

学習日 ／

復習 **1** 上の文と同じ意味になるように、□に当てはまる言葉を[ ]から選び、記号を書きましょう。

(1) 人をだます。→ 人を□。

(2) 対立する相手とゆずり合って解決する。→ 対立する相手と□をつける。

(3) 信頼できる人がら。→ 信頼できる□。

(4) 今回は参加しないで様子を見る。→ 今回は参加を□。

(5) あの人は本質をついた見方をする。→ あの人は□見方をする。

(6) はっきりしない話し方。→ □な話し方。

ア **見合わせる**　イ **うがった**　ウ **あいまい**
エ **人となり**　オ **折り合い**　カ **あざむく**

新しい語句⑭ **2** ――線部の言葉と同じ意味の言葉を選び、記号に○をつけましょう。

(1) **寸分**も変わらない。
ア ほんの少し
イ 短い時間

(2) 人の好意を**無下にする**。
ア 感謝する
イ むだにする

(3) **辛くも**合格することができた。
ア ぎりぎりのところで
イ 余裕で

(4) **極度**にきんちょうした。
ア 苦しみながら
イ はなはだしく

(5) **至上**の喜び。
ア この上ない
イ とても高い

13 14ページのこたえ

1 (1) ア (2) イ (3) ウ (4) イ (5) ア (6) ア
2 (1) イ (2) ア (3) イ **3** (1) ボイコット (2) レッテル (3) ジレンマ

15 64～67ページの復習 新しい語句を覚えよう⑮

学習日 ／

復習

1 □に当てはまる言葉を［　］から選び、記号を書きましょう。

(1) 男子と女子とで意見が合わず□なムードになった。
(2) 昨年の優勝チームとしての□をかけて戦う。
(3) 大人の□として、上品な服を持っていたほうがよい。
(4) あの社長は□な人で、少しもえらそうにしない。
(5) お金を持っているように□を張って、友だちにおごった。
(6) 兄は来年から商社に□予定だ。
(7) 看護師さんは、優しく□に看病してくれた。

㋐ 謙虚　㋑ 険悪　㋒ 献身的
㋓ たしなみ　㋔ 勤める　㋕ プライド
㋖ 虚栄

新しい語句⑮

2 (1)～(3)の言葉の意味に合うものを㋐～㋒から選び、線でつなぎましょう。

(1) 変遷 •　　• ㋐ 過ぎ去った年。昔。
(2) 悠久 •　　• ㋑ 果てしなく続くこと。
(3) 往年 •　　• ㋒ 時の流れとともに移り変わること。

3 次の言葉と反対の意味の言葉を［　］から選んで記号を書きましょう。

(1) 普通とちがっていること。　特殊 ⇄ □　多くのものに当てはまること。
(2) 他に比べるものがないこと。　絶対 ⇄ □　他との関係で成り立っていること。
(3) 形や内容が備わっていて、はっきりしている様子。　具体的 ⇄ □　実際の形や内容がなく、あいまいな様子。
(4) 悲しんで失望すること。　悲観 ⇄ □　ものごとをよいほうに考えること。

㋐ 抽象的　㋑ 相対　㋒ 楽観　㋓ 普遍

14 15ページのこたえ

1 (1) ㋕ (2) ㋔ (3) ㋓ (4) ㋐ (5) ㋑ (6) ㋒
2 (1) ㋐ (2) ㋑ (3) ㋐ (4) ㋑ (5) ㋐

16 74〜77ページの復習 新しい語句を覚えよう⑯

学習日 ／

復習 **1** ～～線部の言葉には、一部がまちがっているものがあります。正しい言葉を（　）に書きましょう。まちがいがないものには○を書きましょう。

(1) ともあれ、祖父が元気そうでよかった。（　）

(2) 先生が何を言っても彼は馬耳西風だ。（　）

(3) 倉庫の中には、おりただしい数の本がしまってある。（　）

(4) むやみに殺正してはいけない。（　）

(5) 岩の下でミミズがうごめく。（　）

(6) ぼくが忘れ物をするのは日常水飯事になっている。（　）

(7) 再三再五お願いをしていること。（　）

新しい語句⑯ **2** 次の言葉の意味に合うものを選び、記号に○をつけましょう。

(1) **一挙両得**
ア ひとつのことをして、ふたつの利益を得ること。
イ 損か得かを考えること。

(2) **四面楚歌**
ア 並ぶものがいないほど歌がうまい人のこと。
イ 周りが敵ばかりで、味方がいないこと。

(3) **海千山千**
ア 経験を積み、ものごとの裏まで知りぬいていて、ずるがしこいこと。
イ 一面を海や山に囲まれた立派な景色。

(4) **針小棒大**
ア 小さなものと大きなものが競い合うこと。
イ 小さなことを大げさに言うこと。

(5) **枝葉末節**
ア 細部まで気配りをして、相手をもてなすこと。
イ 中心からはずれた、重要でない部分。

(6) **大器晩成**
ア 立派な人物は名をあげるまでに時間がかかるということ。
イ 一日がとても長く感じられること。

15 16ページのこたえ

1 (1) イ (2) カ (3) エ (4) ア (5) キ (6) オ (7) ウ
2 (1) ウ (2) イ (3) ア **3** (1) エ (2) イ (3) ア (4) ウ

17 78～79ページの復習 新しい語句を覚えよう⑰

学習日 ／

復習 1 文に合う言葉を選び、記号に○をつけましょう。

(1) 思いもよらないニュースが飛びこんできて、気が［ア 動転 イ 号泣 ウ 驚がく］した。

(2) 議論は［ア 白熱 イ 堂々めぐり ウ 付け焼き刃］で何も決まらなかった。

(3) 姉に問いつめられ、ぼくはやったことを［ア 歯に衣着せず イ 親身に ウ 洗いざらい］話した。

(4) ばれてしまったら仕方がないと［ア 執着 イ 観念 ウ 放念］した。

(5) だれかが彼のパンを［ア くすねる イ ほどこす ウ おもねる］という事件があった。

新しい語句⑰ 2 (1)～(6)は［ ］の中のどの言葉の説明ですか。選んで□に記号を書きましょう。

(1) 自由気ままにのんびり暮らすこと。 □

(2) 一生に一度だけの機会。 □

(3) よい行いをすればよいことが、悪い行いをすれば悪いことが起こること。 □

(4) 行いがきちんとしていて、正しいこと。 □

(5) 後先の区別もつかなくなるくらい、まともな状態でなくなること。 □

(6) だいたいは同じで、小さなちがいがあること。 □

ア 品行方正　イ 因果応報　ウ 一期一会　エ 前後不覚　オ 晴耕雨読　カ 大同小異

---

16 17ページのこたえ

1 (1) ○ (2) 馬耳東風 (3) おびただしい (4) 殺生 (5) ○ (6) 日常茶飯事 (7) 再三再四

2 (1) ア (2) イ (3) ア (4) イ (5) イ (6) ア

18 80～81ページの復習
新しい語句を覚えよう⑱

学習日

復習

1 □に当てはまる言葉を▢から選び、記号を書きましょう。

(1) 妹にけがを負わせた相手への□がわき上がった。

(2) 人のものをぬすもうなんて、□考えだ。

(3) 注意力の□は思わぬ事故につながることがある。

(4) 質問をよく聞いていなかったので、□なことをこたえてしまった。

(5) 裏切り者に□。

㋐ さもしい　㋑ 欠如　㋒ 的外れ
㋓ 憎悪　㋔ ぬれ衣を着せられる

新しい語句⑱

2 次の意味に合う四字熟語を選び、記号に○をつけましょう。

(1) あるものごとがとても待ち遠しいこと。
㋐ 一日千秋　㋑ 朝令暮改

(2) 文章の順序や組み立て。
㋐ 竜頭蛇尾　㋑ 起承転結

(3) 日に日に進歩していること。
㋐ 一進一退　㋑ 日進月歩

(4) 悪い見本として学ぶべき人やものごと。
㋐ 反面教師　㋑ 切磋琢磨

(5) 人のことを気にせず、勝手にふるまうこと。
㋐ 無我夢中　㋑ 傍若無人

(6) ぐずぐずしていてなかなか決断できないこと。
㋐ 優柔不断　㋑ 言語道断

(7) 悪人などの集団を一度にすべてとらえること。
㋐ 完全無欠　㋑ 一網打尽

17 18ページのこたえ

1 (1) ㋐ (2) ㋑ (3) ㋒ (4) ㋑ (5) ㋐
2 (1) ㋔ (2) ㋒ (3) ㋑ (4) ㋐ (5) ㋓ (6) ㋕

19

82～85ページの復習
新しい語句を覚えよう⑲

学習日

復習

1 次の言葉を正しい意味で使っている文を選び、記号に○をつけましょう。

(1) **五里霧中**

ア 時間がたつのも忘れて、ゲームに五里霧中になった。

イ 目標を失い、五里霧中だ。

(2) **支障**

ア 体の調子に支障があり、今日は絶好調だ。

イ 手をけがしてしまい、食事をするにも支障がある。

(3) **屈服**

ア 強大な兵力を持つその国は、周囲の国を次々に屈服させた。

イ あの人はとても働き者で、心から屈服する。

(4) **竹馬の友**

ア 母と大学の同級生の川口さんは、今でも竹馬の友だ。

イ 山田さんは、いっしょに幼稚園に通った竹馬の友だ。

(5) **マスコミ**

ア その店はマスコミに取り上げられ、人気店になった。

イ 日本はさまざまな国の人が暮らすマスコミの社会だ。

新しい語句⑲

2 □に当てはまる文字を[ ]から選び、(1)～(6)の意味に合う四字熟語をつくりましょう。

(1) 長所もあれば短所もあること。

一長一□

(2) 喜び、いかり、悲しみ、楽しみなど、いろいろな感情。

□怒哀楽

(3) 賛成と反対、両方の意見があること。

賛否□論

(4) 名前ばかりで中身がともなわないこと。

有□無実

(5) 一度にたやすく大きな利益を得ること。

一攫□金

(6) 何にもしばられることなく、自由自在にものごとを行うこと。

縦□無尽

[千　横　両　短　喜　名]

18 19ページのこたえ

1 (1) エ (2) ア (3) イ (4) ウ (5) オ

2 (1) ア (2) イ (3) イ (4) ア (5) イ (6) ア (7) イ

20 86〜89ページの復習 新しい語句を覚えよう⑳

学習日 ／

復習

1 □に当てはまる言葉を□から選び、記号を書きましょう。

(1) □思いで、昔の友だちと別れた。

(2) その指輪についている宝石は□だ。

(3) ずっとかかえていたなやみごとが解決したので、今日は□ねむることができる。

(4) 近所の人の□で夕飯をごちそうになった。

(5) 彼のじまん話は□ほど聞いた。

(6) テレビをもらったけれど、うちに置くには大きすぎて、□だ。

㋐ **後ろ髪を引かれる**　㋑ **耳にたこができる**
㋒ **無用の長物**　㋓ **まがいもの**
㋔ **枕を高くして**　㋕ **厚意**

新しい語句⑳

2 (1)〜(6)の意味に合う言葉を㋐〜㋕から選び、線でつなぎましょう。

(1) 何もかも。だれもかれも。 •　• ㋐ **痛しかゆし**

(2) かざらず、ありのままにふるまう。想像上のことがらを実際に行う。 •　• ㋑ **地で行く**

(3) 自分の得になるように、実際とはちがう数を言ってごまかす。 •　• ㋒ **虎の子**

(4) 前もってものごとを正しく見通すかしこさ。 •　• ㋓ **猫もしゃくしも**

(5) ふたつの方法どちらをとってもうまくいかない。 •　• ㋔ **さばを読む**

(6) 大切にして手放さないもの。 •　• ㋕ **先見の明**

19 20ページのこたえ

1 (1) ㋑ (2) ㋑ (3) ㋐ (4) ㋑ (5) ㋐

2 (1) 短 (2) 喜 (3) 両 (4) 名 (5) 千 (6) 横

21 96〜99ページの復習 新しい語句を覚えよう㉑

学習日 ／

復習 **1** 文に合う言葉を選び、記号に○をつけましょう。

(1) お客に喜ばれる仕事をするというのがこの店の［㋐ 理念 ㋑ 観念］だ。

(2) 時代の［㋐ デジタル ㋑ トレンド］を取り入れたファッション。

(3) その小説のあとがきには、作家が世界一周の旅をしたという［㋐ エピソード ㋑ ユーモア］が書いてある。

(4) だれがうちの前に荷物を置いていったのか、［㋐ 皆目 ㋑ ともあれ］見当がつかない。

(5) 卒業式でお祝いのメッセージを読み上げたが、時間の都合上、一部を［㋐ 断裁 ㋑ 割愛］した。

(6) あの有名な先生は決してえらそうにせず、いつも［㋐ 自立 ㋑ 謙遜］した話し方をする。

新しい語句㉑ **2** (1)〜(7)は┆┆の中のどの言葉の説明ですか。選んで□に記号を書きましょう。

(1) これまでの立場から退く。 □

(2) 注目するほどのものではない。 □

(3) 不運が重なること。 □

(4) 自分で自分の失敗の原因をつくってしまうこと。 □

(5) 家族などの身内だけで他の人をまじえないこと。 □

(6) 何かが起こりそうな予感がする。 □

(7) おたがいが対立する意見を言い合うだけで、問題が解決に向かわないこと。 □

㋐ 墓穴をほる　㋑ 水入らず
㋒ 身を引く　㋓ 水掛け論
㋔ 虫が知らせる　㋕ 物の数ではない
㋖ 弱り目にたたり目

20 21ページのこたえ

1 (1) ㋐ (2) ㋓ (3) ㋔ (4) ㋕ (5) ㋑ (6) ㋒

2 (1) ㋓ (2) ㋑ (3) ㋔ (4) ㋕ (5) ㋐ (6) ㋒

22 100~101ページの復習 新しい語句を覚えよう㉒

学習日 ／

復習 **1** 〜〜線部の言葉と同じ意味を持つ言葉を選び、記号に○をつけましょう。

(1) **つたない**演奏だったが、観客は最後まで静かに聞いてくれた。
㋐ レベルの高い ㋑ 技術が未熟な

(2) 祖父は年を取ったため、四十年間続けていた商売に**終止符を打った**。
㋐ 赤字になった ㋑ 終わりにした

(3) あとをつぐ者がいなくなり、伝統の技術が**とだえる**。
㋐ レベルが下がる ㋑ 続いていたものがなくなる

(4) 心の中は悲しみでいっぱいだったが、なんとか笑顔をつくってその場を**取りつくろった**。
㋐ 都合の悪いことをごまかした ㋑ 修理した

(5) どのような勉強の仕方が自分に合っているか**模索する**。
㋐ 真似する ㋑ 手探りで探し求める

新しい語句㉒ **2** 次の意味に合う言葉を選び、記号に○をつけましょう。

(1) 一歩もあとに引けないという状況で強い覚悟を持って、ものごとに当たること。
㋐ **背に腹はかえられない** ㋑ **背水の陣**

(2) 危険な状態にのぞむこと。
㋐ **薄氷をふむ** ㋑ **寒のもどり**

(3) 言動がたえられないほど、ふゆかいである。
㋐ **鼻持ちならない** ㋑ **木で鼻をくくる**

(4) 決まりきった方法、やり方。
㋐ **型破り** ㋑ **紋切り型**

(5) 反応が非常にいいこと、早いこと。
㋐ **のれんに腕押し** ㋑ **打てば響く**

(6) ふだんなら思いもよらない悪い考えや行動をしてしまう。
㋐ **魔がさす** ㋑ **睡魔がおそう**

(7) 努力や手助けがほんのわずかで、ものの役に立たないこと。
㋐ **立て板に水** ㋑ **焼け石に水**

(8) 人の言葉のまちがいなどをからかったり、責めたりする。
㋐ **あげ足を取る** ㋑ **しりに火がつく**

21 22ページのこたえ

1 (1) ㋐ (2) ㋑ (3) ㋐ (4) ㋐ (5) ㋑ (6) ㋑

2 (1) ㋒ (2) ㋕ (3) ㋖ (4) ㋐ (5) ㋑ (6) ㋔ (7) ㋓

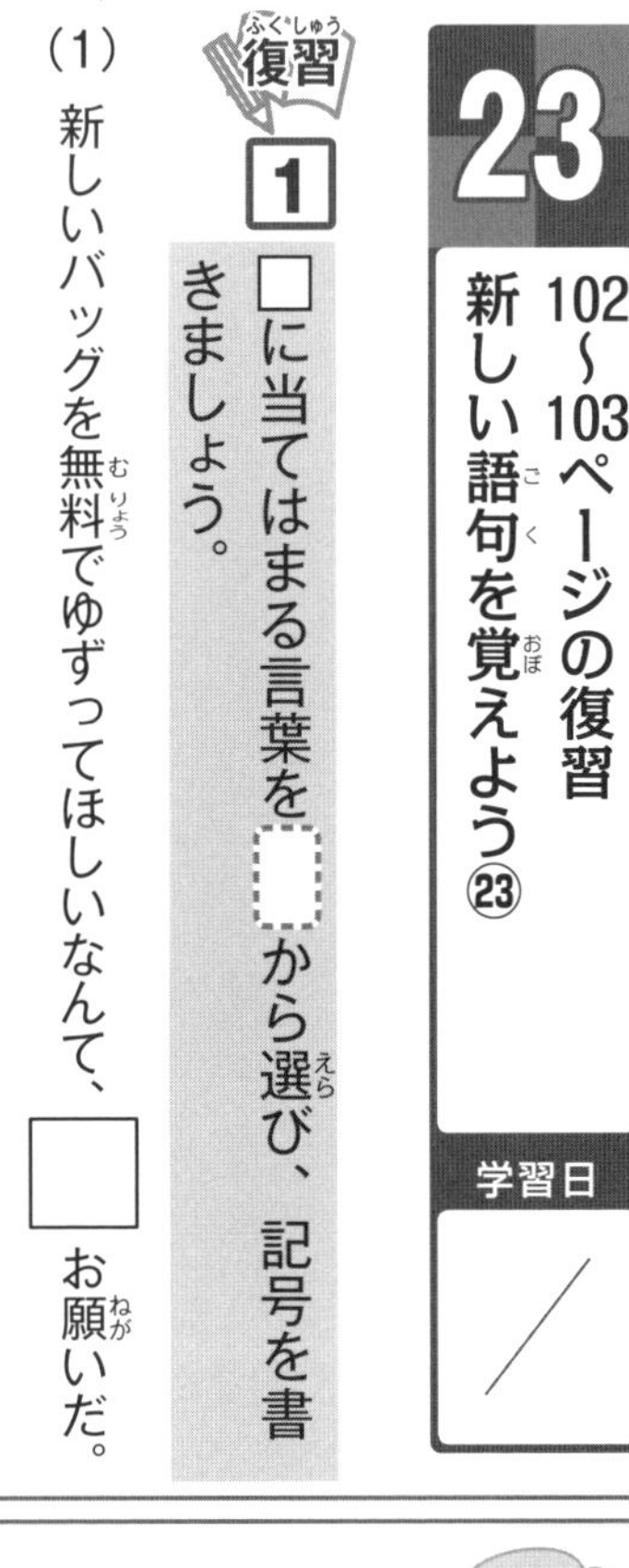

23 102~103ページの復習 新しい語句を覚えよう㉓

学習日

復習 **1** □に当てはまる言葉を〔　〕から選び、記号を書きましょう。

(1) 新しいバッグを無料でゆずってほしいなんて、□お願いだ。

(2) 試合で大きなミスをしてしまい、チームの□。

(3) 新人歌手は、きんちょうした□でステージに上がった。

(4) その箱の中にはたくさん荷物をつめたが、まだ□の余裕がある。

(5) この服はサイズが大きい気がしたが、着てみると□ぶかぶかだった。

(6) 家族旅行でとまったホテルで、□のもてなしを受けた。

〔 ㋐ **至れりつくせり** ㋑ **足を引っぱる** ㋒ **案の定** ㋓ **面持ち** ㋔ **若干** ㋕ **あつかましい** 〕

新しい語句㉓ **2** (1)~(8)の言葉の意味に合うものを㋐~㋗から選び、線でつなぎましょう。

(1) **腹を割る** ・　　・㋐ 自分には関係のないできごと。

(2) **対岸の火事** ・　　・㋑ 労力をいとわないで努力する。

(3) **足元を見る** ・　　・㋒ 本心を打ち明ける。

(4) **うだつが上がらない** ・　　・㋓ いつまでも富や地位にめぐまれない。

(5) **風上に置けない** ・　　・㋔ 性格や行動が卑劣である。

(6) **口が軽い** ・　　・㋕ 他人の不幸が自分のことのように感じられる。

(7) **身を粉にする** ・　　・㋖ なんでも話してしまう。

(8) **身につまされる** ・　　・㋗ 相手の弱みにつけこむ。

---

22 23ページのこたえ

1 (1) ㋑ (2) ㋑ (3) ㋑ (4) ㋐ (5) ㋑

2 (1) ㋑ (2) ㋐ (3) ㋐ (4) ㋑ (5) ㋑ (6) ㋐ (7) ㋑ (8) ㋐

24 104～107ページの復習 新しい語句を覚えよう㉔

学習日 ／

復習 **1** ～～線部の言葉には、一部がまちがっているものがあります。正しい言葉を（　）に書きましょう。まちがいがないものには○を書きましょう。

(1) 学級会の議長を**勤める**。（　　）

(2) 父は昔、画家を目指していたが、**ざせつ**した。（　　）

(3) 学芸会で劇の主役を任された。**目に余る**光栄だ。（　　）

(4) 新製品のチョコレートは**止みつき**になるおいしさだ。（　　）

(5) 父がかみを切ってくれたが、うまくいかなかったので、結局床屋に行き直した。やはり**もちは米屋**だ。（　　）

(6) 兄は休日になると、**もっぱら**サッカーをしている。（　　）

新しい語句㉔ **2** 次の意味に合う言葉を選び、記号に○をつけましょう。

(1) 長い間、修練を積んでようやく一人前になっている。
㋐ **転ばぬ先のつえ**　㋑ **年季が入る**

(2) 力などを加えて、ものごとの進行を早めること。
㋐ **拍車をかける**　㋑ **閑古鳥が鳴く**

(3) 防ぎようがないほど勢いが激しいこと。
㋐ **風前のともし火**　㋑ **破竹の勢い**

(4) 度をこしてはしゃぎまわる。
㋐ **羽目をはずす**　㋑ **手ぐすねを引く**

(5) それとなく相手の考えを知ろうとする。
㋐ **腹を探る**　㋑ **肝に銘じる**

(6) 予算よりも費用がかかる。
㋐ **なしのつぶて**　㋑ **足が出る**

(7) うまい話にだまされる。
㋐ **出るくいは打たれる**　㋑ **口車に乗せられる**

㉓ **24ページのこたえ**

1 (1) ㋕ (2) ㋑ (3) ㋓ (4) ㋔ (5) ㋒ (6) ㋐

2 (1) ㋒ (2) ㋐ (3) ㋗ (4) ㋓ (5) ㋔ (6) ㋖ (7) ㋑ (8) ㋕

25 108～111ページの復習 新しい語句を覚えよう㉕

学習日

復習

1 □に当てはまる言葉を[　]から選び、記号を書きましょう。

(1) 目標にしていた点数に届かず、□して勉強に取り組む。

(2) その橋が完成するまで、長い年月を□ことになった。

(3) トイレに行きたくなり、会議を□した。

(4) 外国の文化について□を深める。

(5) 姉はしっかり者で、どこにいっても□ことがない。

(6) 料理の盛りつけに本物の花を使うなんて□だ。

(7) 放課後の居残りを□。

㋐ **認識**　㋑ **粋**　㋒ **経る**　㋓ **中座**
㋔ **発奮**　㋕ **強いる**　㋖ **臆する**

新しい語句㉕

2 次の言葉の意味に合うものを選び、記号に○をつけましょう。

(1) **悪事千里を走る**
㋐ 悪いことをする人はにげ足も速い。
㋑ 悪い行いはすぐに世間に広まる。

(2) **売り言葉に買い言葉**
㋐ 言葉たくみに商品のよさを客に伝えること。
㋑ ひどい言葉を言われ、同じ調子で言い返すこと。

(3) **一を聞いて十を知る**
㋐ ものごとの一部を聞いただけで全体を理解してしまうほどかしこい。
㋑ 数字に強く、計算が得意である。

(4) **井の中の蛙大海を知らず**
㋐ せまい知識にとらわれて、広い世界があることを知らずに得意になっている様子。
㋑ 外に出ることを好まず、体力がおとろえていく様子。

(5) **言わぬが花**
㋐ はっきり言わないほうが、趣がある。
㋑ はっきり言わない人は、何かをかくしている。

(6) **くさっても鯛**
㋐ 上等なものは、いたんでもそれなりの価値があるということ。
㋑ 上等なものでも、いたんでしまえば役に立たないこと。

24 25ページのこたえ

1 (1) 務める (2) ○ (3) 身に余る (4) 病みつき (5) もちはもち屋 (6) ○

2 (1) ㋑ (2) ㋐ (3) ㋑ (4) ㋐ (5) ㋐ (6) ㋑ (7) ㋑

26 118～119ページの復習 新しい語句を覚えよう㉖

学習日 ／

復習 1 文に合う言葉を選び、記号に○をつけましょう。

(1) この本に書かれているのは事実ではなく［ア 虚栄　イ 虚構］の話だ。

(2) 昔と今の町の発展を比べると［ア 雲泥の差　イ ひのき舞台］がある。

(3) 一か月トレーニングを続けると、体型に［ア つまびらか　イ 顕著］な効果が現れた。

(4) 人の話に［ア 水を差す　イ 花を持たせる］。

(5) 東京都［ア ともあれ　イ ないし］周辺の県は、人口が増えている。

(6) 住民が交流を深めることを［ア 意図　イ 自負］したイベント。

新しい語句㉖ 2 次の意味に合う言葉を選び、記号に○をつけましょう。

(1) かしこい人は、危険なところへはじめから近づかない。
ア 君子は危うきに近寄らず　イ 虎穴に入らずんば虎子を得ず

(2) 強い相手には従ったほうが得である。
ア 一寸の虫にも五分の魂　イ 長いものには巻かれろ

(3) 人に親切にすると、めぐりめぐって自分にかえってくる。
ア 泥棒に追い銭　イ 情けは人のためならず

(4) よい服を着るとだれでも立派に見える。
ア 馬子にも衣装　イ ねこに小判

(5) 一度うまくいっても、いつも同じようにいくとは限らない。
ア 棚からぼたもち　イ 柳の下にいつもどじょうはいない

(6) 自分自身の行いが悪いために、よくない結果を招くこと。
ア 身から出たさび　イ 医者の不養生

(7) あらかじめ用心をしていれば、失敗することはないということ。
ア 人事をつくして天命を待つ　イ 転ばぬ先のつえ

25 26ページのこたえ

1 (1) オ (2) ウ (3) エ (4) ア (5) キ (6) イ (7) カ

2 (1) イ (2) イ (3) ア (4) ア (5) ア (6) ア

27 120～121ページの復習 新しい語句を覚えよう㉗

学習日 ／

復習 **1** □に当てはまる言葉を［ ］から選び、記号を書きましょう。

(1) すぐにむだづかいをする弟に、母がお金の大切さを□。

(2) 妹はインターネットについて□なので、スマートフォンを持つ前によく勉強したほうがいい。

(3) 姉に言われたことは、まさに□で、はずかしかった。

(4) 下級生のめんどうを見るようにたのまれたが、とてもやんちゃなので□。

(5) 石油をこのまま使い続けていくと、やがて□するといわれている。

㋐ 枯渇　㋑ 無知　㋒ 手を焼く
㋓ 図星　㋔ 説く

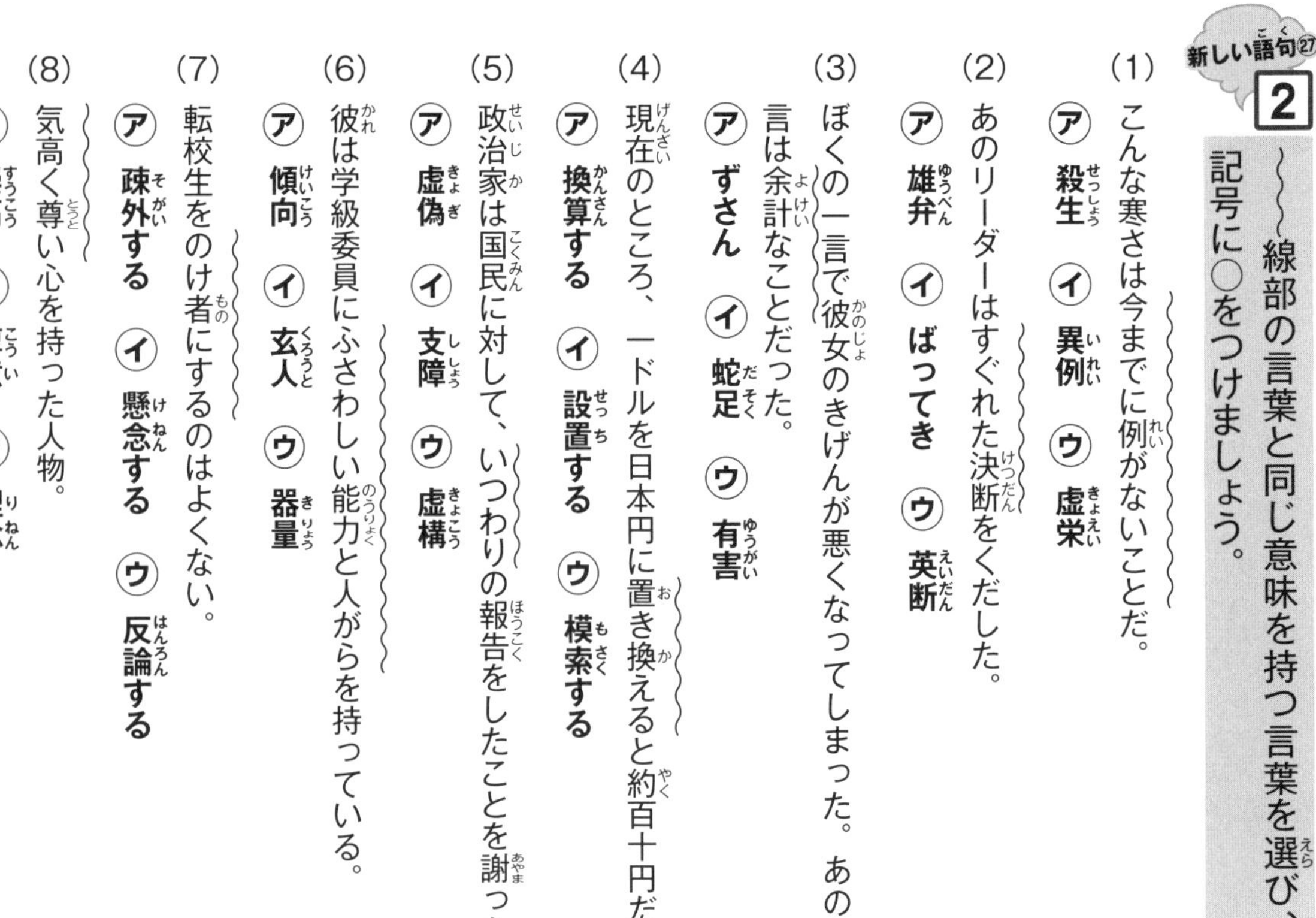

新しい語句㉗ **2** 〰線部の言葉と同じ意味を持つ言葉を選び、記号に○をつけましょう。

(1) こんな寒さは今までに例がないことだ。
㋐ 殺生　㋑ 異例　㋒ 虚栄

(2) あのリーダーはすぐれた決断をくだした。
㋐ 雄弁　㋑ ばってき　㋒ 英断

(3) ぼくの一言で彼女のきげんが悪くなってしまった。あの一言は余計なことだった。
㋐ ずさん　㋑ 蛇足　㋒ 有害

(4) 現在のところ、一ドルを日本円に置き換えると約百十円だ。
㋐ 換算する　㋑ 設置する　㋒ 模索する

(5) 政治家は国民に対して、いつわりの報告をしたことを謝った。
㋐ 虚偽　㋑ 支障　㋒ 虚構

(6) 彼は学級委員にふさわしい能力と人がらを持っている。
㋐ 傾向　㋑ 玄人　㋒ 器量

(7) 転校生をのけ者にするのはよくない。
㋐ 疎外する　㋑ 懸念する　㋒ 反論する

(8) 気高く尊い心を持った人物。
㋐ 崇高　㋑ 厚意　㋒ 理念

26 27ページのこたえ

1 (1) ㋑ (2) ㋐ (3) ㋑ (4) ㋐ (5) ㋑ (6) ㋐

2 (1) ㋐ (2) ㋑ (3) ㋑ (4) ㋐ (5) ㋑ (6) ㋐ (7) ㋑

28 122～125ページの復習 新しい語句を覚えよう㉘

学習日 ／

復習 1 ――線部の言葉の使い方が正しい文を四つ選び、□に○をつけましょう。

(1) □ こんな**有り様**ではいつまでたっても宿題が終わらない。

(2) □ 年末年始は出費が多くて**お鉢が回る**。

(3) □ 彼女に対して、ぼくはひそかな**愛嬌**を持っている。

(4) □ 向こう側が見通せるほど**浸透**したガラス。

(5) □ 彼はいろいろ言い訳をしているけれど、**とどのつまり**、宿題を忘れたようだ。

(6) □ 首相の周りを警察官が取り囲み、**物々しい**ふんいきになった。

(7) □ 夕方**未明**に東京で雪が降った。

(8) □ 帰りがおそい兄が何をしているのかと**いぶかる**。

新しい語句㉘ 2 (1)～(9)の言葉の意味に合うものを㋐～㋘から選び、線でつなぎましょう。

(1) **啓蒙** ・
(2) **懸案** ・
(3) **合法** ・
(4) **是正** ・
(5) **折衷** ・
(6) **潜在** ・
(7) **相殺** ・
(8) **還元** ・
(9) **他意** ・

・㋐ 法律で許されていること。
・㋑ 表面に表れないで、内部に存在すること。
・㋒ 正しい知識をあたえ、教え導くこと。
・㋓ 心の中にかくしている他の考え。
・㋔ 悪い点を直して正すこと。
・㋕ 異なる考え方のよいところを合わせて、ひとつにまとめること。
・㋖ たがいに差し引いて帳消しにすること。
・㋗ 以前から問題になっていて、解決されていないこと。
・㋘ 元の状態にもどすこと。

27 28ページのこたえ

1 (1) ㋔ (2) ㋑ (3) ㋓ (4) ㋒ (5) ㋐

2 (1) ㋑ (2) ㋒ (3) ㋑ (4) ㋐ (5) ㋐ (6) ㋒ (7) ㋐ (8) ㋐

29 126～129ページの復習 新しい語句を覚えよう㉙

学習日 ／

復習 **1** □に当てはまる言葉を[]から選び、記号を書きましょう。

(1) いくら注意を呼びかけても聞き流されて、□だ。

(2) 集金に行くと、彼は□、お金を持っていないと言った。

(3) 姉の発言がどうにも□。

(4) 犯人は、個人情報を□して、お金をだましとろうとした。

(5) 妹は父がケーキ屋の箱を持っているのを□見つけた。

(6) 有名人を一目見ようと、テレビ局の外で□待っていた。

(7) この織物の美しい色合いは、□には出すことができない。

(8) 彼女は絵をかくことに関しては□な才能を持っている。

ア 臆面もなく　イ 手ぐすねを引いて
ウ 気に障る　エ ぬかに釘　オ 悪用
カ 一朝一夕　キ 非凡　ク めざとく

新しい語句㉙ **2** 次の言葉の意味に合うものを選び、記号に○をつけましょう。

(1) **匿名**
ア 名前を変えること。
イ 自分の名前をかくし、知らせないこと。

(2) **難民**
ア 災害や戦争などによって、住んでいた土地をはなれた人々。
イ 国からの支援を受けている人々。

(3) **美談**
ア あまり伝えられることがない、悲しい話。
イ 人が感心するような立派な行いについての話。

(4) **風化**
ア かぜが大流行すること。
イ 年月がたち、記憶や印象がうすれていくこと。

(5) **法外**
ア 外国の法律。
イ いちじるしく程度をこしていること。

(6) **矛先**
ア 攻撃が向かう先。
イ 目的や目標。

(7) **怠慢**
ア 将来の予定がぼんやりとしていること。
イ なまけて、するべきことをしないこと。

(8) **惰性**
ア 今まで続いてきた習慣やくせ。
イ かざりけがない様子。

---

28 29ページのこたえ

1 (1)、(5)、(6)、(8)

2 (1) ウ (2) ク (3) ア (4) オ (5) カ (6) イ (7) キ (8) ケ (9) エ

30 130～135ページの復習 新しい語句を覚えよう㉚

学習日

復習 1 次の意味に合う言葉を選び、記号に○をつけましょう。

(1) その場にいるすべての人の意見がそろうこと。
㋐ **満場一致** ㋑ **理路整然**

(2) 思いやりがないこと。
㋐ **温情** ㋑ **薄情**

(3) 少しも気にしないこと。
㋐ **何食わぬ顔** ㋑ **無頓着**

(4) ある条件に当てはまること。
㋐ **安否** ㋑ **該当**

(5) 強い力でおびやかすこと。
㋐ **脅威** ㋑ **酷使**

(6) 決心する。
㋐ **意を決する** ㋑ **腰をすえる**

(7) 熱心さのあまり、やりすぎて失敗すること。
㋐ **勇み足** ㋑ **けがの功名**

(8) 否定できない。
㋐ **いぶかしい** ㋑ **否めない**

新しい語句㉚ 2 (1)～(9)の言葉の意味に合うものを㋐～㋘から選び、線でつなぎましょう。

(1) **本位** •　　• ㋐ 議論の調子。
(2) **本分** •　　• ㋑ 世間や周囲に対する体面・名誉。
(3) **面目** •　　• ㋒ 一時そのままにしていること。
(4) **由緒** •　　• ㋓ その人が本来つくすべきつとめ。
(5) **留保** •　　• ㋔ ものごとの起こり。今にいたるまでのいきさつ。
(6) **論調** •　　• ㋕ ものごとの正しい筋道を判断すること。よくわきまえること。
(7) **超越** •　　• ㋖ 考えや行動などの基本になるもの。
(8) **分別** •　　• ㋗ 飛びぬけてすぐれていること。
(9) **中傷** •　　• ㋘ 根拠のない悪口を言って、人の名誉を傷つけること。

▼こたえは2ページ

---

29 30ページのこたえ

1 (1)㋓ (2)㋐ (3)㋒ (4)㋔ (5)㋗ (6)㋑ (7)㋕ (8)㋖
2 (1)㋑ (2)㋐ (3)㋑ (4)㋑ (5)㋑ (6)㋐ (7)㋑ (8)㋐